隐秘依然璀璨

东方出版中心◎编

STEALTH STILL SHINES

THE LEGENDARY LIFE OF TANG JIHONG, A FAMOUS PUBLISHER

中国出版集团 東方出版中心

图书在版编目（CIP）数据

隐秘依然璀璨：著名出版家汤季宏的传奇一生 / 东方出版中心编 . -- 上海：东方出版中心，2019.1

ISBN 978-7-5473-1361-9

Ⅰ . ①隐… Ⅱ . ①东… Ⅲ . ①汤季宏－纪念文集 Ⅳ . ① K825.42-53

中国版本图书馆 CIP 数据核字 (2018) 第 253009 号

隐秘依然璀璨
——著名出版家汤季宏的传奇一生

出版发行：东方出版中心
地　　址：上海市仙霞路 345 号
电　　话：021-62417400
邮政编码：200336
经　　销：全国新华书店
印　　刷：上海盛通时代印刷有限公司
开　　本：890mm×1240mm 1/32
字　　数：190 千
印　　张：9.625
版　　次：2019 年 1 月第 1 版第 1 次印刷
ISBN 978-7-5473-1361-9
定　　价：88.00 元

谨以此书

纪念中国百科事业的开创者之一

著名出版家汤季宏诞辰 100 周年

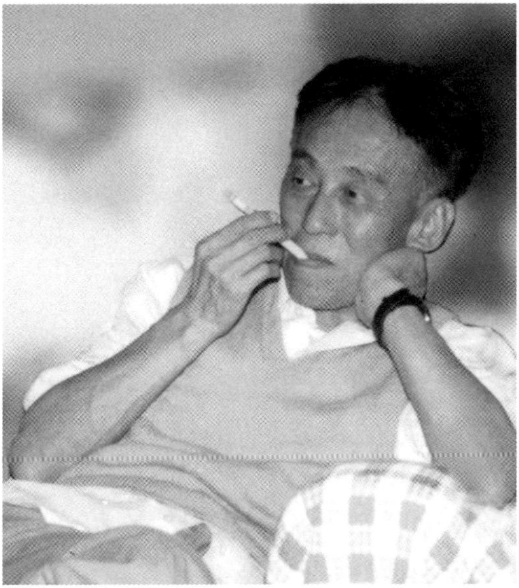

汤季宏（1916–2002）

目 录

创业百科　壮心不已

高山仰止　后辈楷模

序

邓伟志

原民进中央副主席、全国政协常委

汤季宏同志的一生几乎都是在出版界度过的。他加入中国共产党不久，党组织发现他有诗作发表，便分配他到新知书店工作。在新知，他不顾个人安危，翻印陕甘宁、晋察冀等根据地出版的书籍，包括中共中央的机关刊物《解放》。后来他又在三联书店，办苏北大众书店。大众书店既是新四军的秘密水陆交通线，同时也是货真价实的进步书籍的发行所。1949年上海解放后，他任上海军管会新闻出版处出版室秘书主任，负责整顿旧社会遗留下来的书店和出版社。不久，他任上海市出版局党组书记、副局长。现在上海市区绍兴路的出版一条街，就是汤季宏等新中国上海第一代出版家精心规划设计的。还有今天的福州路，1949年以前俗称“四马路”。

“四马路”是怎样一条路？国人、洋人，尽人皆知那里是不堪入目的充斥妓女的“耻辱之路”。又是汤季宏他们把“四马路”来了个翻天覆地的改造，把福州路建设成为散发着浓浓书香的“书店大道”。

2016年是汤季宏同志诞辰100周年，他的老同事、老部下以及他的家人撰写了一批怀念他的文章，并且编写了他的生平大事年表。汤季宏同志的阅历、汤季宏同志的生平就是一部现当代的上海出版史。由于他担任过出版界的党政领导，他的坎坷经历也能折射出当代中国的思想史、政治史。汤季宏同志是中华人民共和国成立后上海出版事业的开拓者，是中华民族优秀文化的忠诚继承者，是近现代新文化的积极传播者。他给千家万户送去了精神食粮，送去了进步的阶梯。他是上海社会主义精神文明建设的骨干力量。他热爱出版事业，在出版工作中作出了艰苦卓绝的努力，取得了一项又一项丰硕成果。马恩列斯毛的著作凡是在上海印刷的，都有他的汗水。上海印制世界名著的一系列流程中都有他的足迹。在中国，前无古人的74卷《中国大百科全书》就是在时任中国大百科全书出版社上海分社社长汤季宏领导下的位于山沟里的小三线印刷厂里开始印制的。1980年《中国大百科全书》的首卷印刷时，还是铅字排版。大百科全书（第一版）全套1.26亿字，字号不宜过大，大了会变成数百卷，就更难以飞入寻常百姓家了。为了让字模既小又清晰，让读者看起来不费力，汤季宏曾带领一批专家反复切磋琢磨，搞出了一套精美的字模，获得新闻出版署一等奖。说起来好笑，在汤季宏指导下的字模获一等奖时，我还不懂得好在哪里。在我眼里，只要撇是撇，捺是捺，就完事了。经他手下的字模专家向我反复讲解以后，我才对其中的奥妙略知一二。在废掉铅字，改用照相排版时，汤季宏同志是上海最先引进计算机印刷技术的领军人物。他目光远大，热爱新生事物。

在这部纪念文集中，还有不少文章讲到汤季宏同志为人宽厚、关心群众的事迹，十分感人。领导干部不论大小，都要把关心群众放在第一位。只有把主要精力放在关心群众上，得到群众的信任和爱戴，才能把党和政府的方针、政策贯彻下去，印在群众的心坎上，落实在群众的需要上，从而把方针、政策变成光辉的现实。汤季宏同志常讲“作风是无声的命令”的道理，他也最能践行这个道理。这里补充一个例子。他手下有个老杨，曾被错打成“现行反革命”，发配到青海。无奈之下老杨留在上海的妻子改了嫁，女儿也断绝了与老杨的往来。1980年老杨平反后回到上海，举目无亲，满目凄凉。

有一次汤老带我去一家宾馆，偶然遇到了老杨的前妻。汤老对老杨的前妻说："你不方便去看老杨，你让女儿多去看看老杨。"老杨的前妻听了汤老的话，命女儿经常去看她的生父。果然有效，女儿的看望给老杨带来无限的安慰。女儿来一次，老杨会跟我讲几天。汤季宏不仅热心关心群众，而且善于关心群众。他办事得体，讲究分寸，水平体现在分寸上。

纪念是为了继承，为了弘扬。《隐秘依然璀璨——著名出版家汤季宏的传奇一生》就是一部弘扬篇。

出生入死　袍泽之谊

1939年至1947年期间，加入上海地下党组织的汤季宏根据上级指示负责开辟从上海到苏北新四军根据地的水陆交通线，采购并运输书籍、药品、印钞机和武器等各类物资进出解放区，冒着生命危险在敌人的眼皮底下完成党的任务。其间，汤季宏分别被日本侵略者和国民党政府逮捕，仰仗着与战友们在危难中建立起来的相互信任、相互关照的袍泽之谊，他顽强机智地挺过酷刑，坚贞不屈，九死一生。战争年代结下的生死友情延续他们一生。

香飘四季，取精用宏
——痛悼汤季宏同志

王益
原国家出版局副局长

季宏走了，走得那么匆忙，我连他生病的消息都没有得到。噩耗传来好几天，我都不敢相信。

季宏同志的一生，是革命的一生。他是一个脚踏实地、埋头干事的人。不善言辞，才华不外露，按上海人的话说是“没有卖相的人”。我们现在报纸书刊普遍采用的汉字印刷字体，是在他领导下整理和创写成功的。《中国大百科全书》74卷，是他在上海组织排印出版的。这些功绩，鲜为人知。抗战时期，他在上海做地下工作，把大量革命书刊、印刷器材和人员输送到苏北、山东、浙东等抗日民主根据地，他因此被日寇逮捕，受到严刑拷打。他母亲也连累被捕受苦。这都是默默无闻的事。

我与季宏同志是共事60多年的老战友。20世纪30年代初期，一起搞新文字运动。1939年他进入新知书店，我们关系更密切了。有一段时间，我们是朝夕相处的。我俩这辈子走过的道路是一致的。

1940年，我在华中局机关所在地江苏盐城开设大众书店，书店对根据地建设有一定贡献。我站在前台，后勤工作都是老汤做，书都是老汤从上海运来。从上海运书到根据地，要通过三道关口：在上海租界和吴淞口，要避开海关检查，到达苏北港口后还要躲过敌伪检查，是艰巨的任务。这些工作都是老汤做的，没有他运来的书，大众书店只是一个空架子。

新中国成立后，开始时我俩都在上海工作。他很快调到出版总署，我仍在上海。后来出版总署把我调到北京，他又调回上海。我俩好像是可以互相替换的干部。

1980年代初，汤季宏（左）与王益摄于首都机场

我们的志趣和作风基本上是一致的。

季宏同志逝世，我为失去一位老战友感到无比悲痛。

我们要把他的优秀品质和高尚风格告诉大家，让大家向他学习，化悲痛为力量。

季宏同志，你这辈子够辛苦了，现在可以休息了。季宏同志，你安息吧！

本文原载于2002年10月20日《新闻出版报》

风雨兄弟情

盛天民

著名俄罗斯文学翻译家草婴夫人

汤季宏、倪海曙、草婴是几十年的老朋友了。1938 年他们三个人是在新文字研究会训练班接受师资训练而认识的，老汤又小又瘦，老倪又高又大，年龄相近，被大家戏称为好莱坞电影里的“劳莱和哈代”。而草婴当时才 15 岁，是他们三人中年纪最小的，他白天在一个白俄老师家学习俄语，晚上和老汤、老倪一起在难民收容所和难童中学推动拉丁化新文字扫盲实验。他们在新文字研究会训练班的时候一起认识了当时上海地下党文委会领导人，文学、戏剧和新文字三个支部的负责人姜椿芳。

1944 年老汤被日本人抓进去放出来后的一天清晨，他跑到草婴在重庆南路、复兴中路的老家，在马路对面的法国公园（今复兴公园）门口来来回回地走了一个多小时，确定后面没有人跟踪时，才急忙按门铃冲进草婴的家，直奔他在三楼的卧室，要草婴赶快通知姜椿芳转移。因为老汤在被日本人关押期间，曾经被审问到是否认识姜椿芳，知道日本人已经注意到老姜。但是老汤自己刚刚出狱，怕被敌人跟踪，所以冒险来到草婴家，通过草婴通知姜椿芳转移。老姜得到草婴送给他的消息后，马上就避开了。

草婴、老汤和老倪在新文字研究会一起工作了一段时间后，草婴进入苏联塔斯社属下的《时代》杂志社工作，老倪继续新文字的运动，开始从事文字改革的事业。而老汤成为新四军在上海地下运输线的负责人，经常不在上海。他回来后有时会去山阴路倪海曙的老家，老倪就会叫上草婴和我一起去吃饭。我 1947 年和草婴结婚后，老倪和老汤就经常来我们在长乐路锦江饭店后面的小家吃饭聊天。老汤搞地下工作时身上好像没什么钱，他上海的家里还有妈妈和两个十岁左右的弟弟妹妹，老汤妈妈在石门二路南京西路摆了个报摊贴补日常生活。草婴当时在《时代》杂志和《时代日报》，报社每天都要买大量的报纸，每隔几天，草婴就去老汤妈妈的报摊把各种报纸杂志统统收购下来，帮衬老妈妈的生意。老汤有时候去了解放区，好久没有音讯，家里钱不够用，老妈妈就会带着小妹去倪海曙家，老倪就会塞点钱给他们渡过难关。

老汤与草婴的几个中学同学、好朋友也很熟悉。草婴中学时最好的朋友金培林、任溶溶都接受过新文字研究会训练班师资训练，抗战中他们两个也是通过老汤的带领进入新四军根据地参加革命的。金培林在日本人大扫荡时牺牲了，只有 20 岁。任溶溶就是有名的儿童文学家。

解放初老汤从解放区南下回到上海，1950年代初开始担任上海出版系统的负责人。当时他和倪海曙都快40岁了，但还是单身，他们又像过去一样有空就来我们家聚会吃饭，我们常常聊天到深夜。后来老倪先成家结婚，又调去了北京工作，我们聚会就没有那么多了。有一天，老汤请草婴和我去大光明电影院看苏联电影《两姊妹》，把邢至康介绍给我们，他们两人刚刚认识不久，老汤要我们帮他“参谋参谋”。过后不久的一个星期六，老汤带着至康来我们在淮海中路高安路的家里做客，坐了一会，老汤就去我家的浴室洗澡。我们家当时有一只“炮弹炉子”，可以洗热水澡，老汤有时就会从他住的逸村走过来洗个澡。那天他进了浴室好久都不出来，至康是第一次来我们家，还没有和老汤结婚，当然不好意思多问。我也觉得很奇怪，怎么会洗这么长时间？最后只能让草婴去敲浴室的门，原来老汤在浴缸里睡着了！这件事我们两家的孩子们都知道，常常拿出来当笑话讲。老汤和至康结婚后，我们两家走得更勤了。至康生孩子时正是三年自然灾害期间，坐月子买不到东西，我有什么好的东西就给她送过去。我们的小女儿姗姗和老汤的儿子小淇没差几岁，常常趴在地毯上一起玩。

“文革”一开始，在南洋中学当支部书记和校长的邢至康最先被红卫兵打倒。老汤因为在地下党时被日本人和国民党逮捕过两次，在“文革”初期就被打倒了。1968年的年三十夜，邢至

1963年夏，汤、盛两家摄于上海复兴公园。后排右起：汤季宏、盛天民、盛雪亮。前排右起：邢至康、汤小辛、汤小淇、盛姗姗（草婴摄）

康不堪忍受，从她被关的教室打碎玻璃窗逃了出来，在朋友家躲了半个月后，发现南洋中学的造反派开始到处贴通缉令抓她，便决定转移到外地去。临走的那天深夜，老汤陪着至康来到我们家，草婴和我当时虽然已经受到冲击，但还没有被隔离。我们也不知道这次一别是生还是死。临走时，我把我的海虎绒派克大衣给了至康，这件大衣有一顶帽子，戴上可以遮住半张脸，再戴上口罩，就不容易被熟人认出了。至康第二天一早要去北站坐火车，大家都担心碰到南洋中学的红卫兵造反派，就让我们的大女儿雪亮第二天一早也去车站。雪亮是南洋中学68届初中生，认识南洋的

1978 年秋，草婴、姜椿芳、汤季宏（左起）摄于苏州洞庭东山

造反派，她去可以帮着看看车站周围的环境是不是危险。雪亮回来后心有余悸地告诉我们，邢阿姨刚刚上车，她就在车站的广场看到了几个熟悉的红卫兵造反派面孔。

送走至康后不久，草婴和我还有老汤就分别被隔离审查。1970 年代初，老汤和草婴去了奉贤的"五七"干校，我被下放到南京附近的梅山做铁砂搬运工和铁路道岔工。我们全家被扫地出门，搬到只有一间房的安福路。接着我大儿子元亮、大女儿雪亮分别去外地插队落户，家里只剩草婴的高龄老母和稚龄的小女姗姗。至康从外地回到南洋中学后，虽然继续被监督劳动，但晚上可以回家，所以经常来我家里看望老的和小的。我们两家在过年时也经常聚在一起吃个饭。1974 年，倪海曙刚刚从被下放的河南干校回到北京，听说草婴腰椎骨折和老汤身体不好的消息后，专程从北京赶来上海看望多年未见的老朋友。

1976 年 9 月 9 日，姜椿芳夫妇和女儿从青岛来上海。这天上海的很多单位发通知要大家留在单位听重要广播，草婴下午偷偷溜了出来去公平路码头接姜椿芳一家。在路上，他们从广播里听到毛泽东主席去世的消息。姜椿芳回到我们家忧心忡忡地说“天下要大乱了”。这段时间，老姜、老汤和草婴常常在我们家聚会，交流对时局的看法。10 月中旬，老汤最早把粉碎“四人帮”的消息带到我们家，当时上海外面的风声很紧张，他们几个老朋友关起门来分享这个令人振奋的好消息。

姜椿芳在我们家的时候和草婴、老汤开始细谈他计划成立中

1980 年代初，汤季宏、倪海曙、草婴（左起）摄于上海复兴公园

国大百科全书出版社的具体设想。姜椿芳在“文革”中被监禁在秦城监狱八年，那时他常常在思考一个问题：“文革”时期的动乱现象为什么能在全中国蔓延持续那么长时间？他认为当时的中国普遍缺乏人类的自我关怀意识；缺乏对人的尊严、价值、命运的维护、追求和关切；对人类遗留下来的各种精神文化现象的不重视。他希望《中国大百科全书》的出版能帮助提高我们民族的人文精神。他的这个理念和草婴、老汤一拍即合。姜椿芳请在北京的倪海曙负责撰写成立中国大百科全书出版社的设想和提纲，老倪一次又一次地修改，然后直接递给当时国务院分管文化工作的胡乔木同志。同时，姜椿芳在上海拜访夏征农、巴金、陈望道、苏步青等各界专家学者，积极争取他们的支持。他还力邀草婴和老汤一起参加中国大百科全书出版社的筹备工作。草婴一心准备翻译《托尔斯泰全集》而没有参加大百科的工作。老汤接受了姜椿芳的邀请，在上海筹备成立了中国大百科全书出版社上海分社。把上海分社的办公大楼、职工宿舍、专家招待所、印刷厂从无到有建设得非常的完整前卫。

现在草婴、姜椿芳、汤季宏和倪海曙这四位老朋友都已经走了，不知他们在天堂有没有相遇，会不会又在一起开始新的事业？

2016年2月

本文根据盛天民口述整理

大华事件中的汤季宏

忻元锡

原中共上海市委常委、上海市副市长、上海市人民政府顾问

1947年11月，过了十月革命节不久的一个傍晚，专管上海、苏北间交通的方国风同志，风尘仆仆地来到合德镇。告诉我：上海出事了，公司被破坏，老荣、老金他们被捕了。他拿出一支牙膏，说这里面有老汤（汤季宏）的信。我赶回利丰公司拆阅。汤季宏在信中说：出事原因是金柯叛变出卖，我们货船在崇明被海匪袁国祥部截留，“令兄”及荣、金等人被捕，请报领导迅速营救等。国风还携带一卷上海的几天报纸，有的报用套红大标题渲染：“破获共匪补给机构”、“沂（应为忻）匪漏网，正在追捕”之类。

汤季宏是接到范仲云从崇明逃回报信后亲自到“大华”找荣廉泉而被捕的，在水上警察局关了几天，因他的口供对答恰当，服饰酷似商人，“大华”认得他的人又坚决推说不认识，因此，没几天就被释放。这样他才可能一出来即派人送信到苏北，把他

在水上警察局所知情况告诉了我。汤季宏、范仲云是曾山同志领导下徐雪寒系统的地下党员，由于陈明的关系同我们有所合作。1947 年 10 月我离沪返华中后的一船货，是由汤季宏同荣廉泉谈妥的。还要把苏中著名演员李明和杨立平同志随船带回解放区。船出吴淞因逆风在吴淞口外漂流几天，粮食、淡水不足，被迫驶向崇明附近，恰恰遇上一度投诚我军后又反水当了国民党海防大队长的袁国祥船队。我船被扣押到崇明，靠岸时，范仲云趁着秩序杂乱、敌人不备之际，踏上跳板登岸，立即搭民船赶回上海向汤季宏报信。依靠小范的机智，汤季宏得以有所准备，并冒险通知荣廉泉，使徐雪寒系统在沪企业和人员及时转移，也使上海地下党及时获得信息，采取应对措施，避免了损失。尤其应该说明的是汤季宏脱险之后进行了许多艰苦的营救工作。汤季宏并不十分了解大华公司的内部情况，只知我是受华中工委领导的，因此出事后他除了迅速派“交通”到华中工委之外，想方设法买通袁国祥的“老头子”，又利用警备司令部同南通绥靖区司令部相互争“功”的矛盾，进一步运动南通绥靖区司令部司令李默庵的家属，把这案子从上海移至南通，使这件哄动一时的“国防部次长秦德纯亲自莅临查处”，并由“蒋主席批示”的庞然大案，降格为一个局部性的地方小案，从而保全了大华公司的全体干部。

本文节选自忻元锡《反封锁，搞军需，支援解放战争——大华公司在上海开展地下经济工作纪实》

和季宏的戏剧性见面

张薇

忻元锡夫人，新四军老战士

说起来真是戏剧性，我第一次见到汤季宏是从监狱的门缝里。那是1947年的10月吧，大华企业公司在短短两天内遭遇国民党特务破坏，在上海的工作人员几乎全部被抓。忻元锡当时是被苏中根据地派出来建立贸易公司的，公司的主要任务是把根据地的农产品和土特产诸如花生、食油、小麦等运来上海卖掉，再从上海采购药品、布匹、军用物资等运往根据地。当时老忻的哥哥忻慰之在上海开了一个大华木行，所以就利用大华木行的地址和人员成立了大华企业公司。忻元锡当时并不常住上海，他经常往返上海、南通、青岛和苏中根据地。上海大华企业公司主要工作由副经理荣廉泉和会计陆震东负责。我并不是“大华”的正式职工，因为老忻从苏中被派回上海创立大华企业公司时，我正好怀着孕，所以组织上让我以家属身份掩护他工作，同时在上海待产。我被捕以后，原高邮地委书记、叛徒金柯还带着敌人来指认我。他只知道我是忻元锡的妻子，并不了解我是共产党员，所以我被抓时的身份也就是忻元锡老婆。我们当时关在上海南市第一看守所，与我关在同一监舍的有郑慧英和李明。郑慧英也是“大华”的职工，李明是苏中文工团的演员，她当时在扬州娘家刚生完孩子，通过汤季宏安排从上海搭船回根据地时，在崇明港避风时碰到叛徒海盗袁国祥上船搜查而被捕。

我们被监禁的看守所是回字型，三面是一间间监舍，还有一面是大门。监舍里只有一个马桶，没有床，只是在地上铺了一排草垫睡觉。监舍外面的中心空地上有一排水笼头和水斗，每天早上和晚上，一个个监舍门就轮流打开，被关的人员一边放风，一边洗漱。关进南市看守所后不久的一天，李明指着监舍外一个瘦瘦的、个子不高、年约三十来岁的男子跟我说：“这是汤季宏，他怎么也被抓进来了？”我们入党时和入党后都受过党的气节教育，在敌人面前无论如何不能叛变，更不能出卖自己的同志。所以我们三个女同志说好对老汤和相关同志一定要一口咬定不相识。

大约两三天后，李明指着手上拿着个小包、正排着队被敌人押上汽车的汤季宏说，老汤可能出去了。我们三个人挤在门口看着开走的卡车，心里有了安慰：只要有我们的同志出去，党组织就会得到我们被捕的消息，就会派人来营救我们的。当时受大华事件牵连被捕的同志共一百多人，老汤好像是第一批放出去的。他做地下党工作多年，很会隐藏自己的身份。他在“大华”被捕时穿长衫戴礼帽，装扮像个生意人，用的是假名，又讲一口上海话，没有暴露。敌人相信他只是来“大华”做生意的，不是共产党，所以问不出什么就把他放了。在后来的一个多月，敌人对抓进来的一百多人一直在慢慢审问清理和释放，最后只剩了我、李明、荣廉泉、忻慰之等二十几位与“大华”有直接关系的人。我当时怀孕近七个月，利用法律的空子：敌人不会对孕妇动刑，所以在里面时我不停地吵闹：“你们放我出去呀，我家里还有两个小孩，我丈夫的事我啥也不知道！”

大概关在里面有个把月了吧，有一天我们二十几个人被敌人五花大绑地送上了一艘船，直接开到南通。在南通监狱，我们又

1984 年，汤季宏（左一）与田尔、忻元锡、张薇、严瑾、孙韦其等老友聚会

被关了几个星期后才全部放出来了。

出狱后我才听说，汤季宏从看守所出去后，立即将大华事件发生的经过，被抓的人员和被监禁的地方向党组织汇报了，并疏通关系，通过第一绥靖区司令官李默庵小老婆的说情，把我们的案件从上海转到了南通审判。这样不但降低了大华案子的级别，而且也避开了上海毛森特务组织的特别关注。到了南通以后，当地地下党组织积极活动，打通与监狱的关系，经过讨价还价，用金银钱财疏通，最后把我们大华事件中的二十几位同志全部解救了出来。

解放后一直到1950年代中期，我才通过老忻和汤季宏同志正式见面。老忻和老汤常常在市里开会时碰面，而我当时在嵩山区（南市区的前身）工作，和邢至康在一起。当时老忻回来说，汤季宏已经四十出头了还没有成家，我和老忻就商量介绍至康与老汤认识。结果他们两人真合适，恩恩爱爱地过了风风雨雨的几十年。

2016年1月

本文根据张薇口述整理

附：

回忆大华事件

汤季宏

1946 年 2—3 月间，我奉“华中财经办”之命，又回来上海工作，4 月以后，徐雪寒、陈明、陆明、叶肇明、余瑾（女）等也先后从淮阴华中银行总行调来上海。当时上海的工作是徐雪寒和陈明在全面领导。同年 7 月以后，徐雪寒等决定在上海建立一个向苏中根据地输送物资的运输机构，指定由我负责筹建并主持日常工作，把原来苏中“江淮银行”（这时已改名“华中银行苏中分行”）派在上海搞采购印钞器材的林天国、陈耀祖、范仲云成立了华中运输机构。到 1947 年秋，运输机构下面陆续成立了三个分支机构：（一）“开源船务行”，专管运输物资的单位。有两条机帆船和一条风帆船。在这个单位工作的是陆明、金源明、陈耀祖、范仲云、李奕纯、金世明等人。这个单位开始是林天国具体负责，后来林调香港，由陆明继续负责。（二）“利永棉布号”，由我主要负责。这是运输机构的经济活动单位（因

汤季宏摄于 1940 年代

货币贬值，平时所有现金随时买进黄金、纱布等期货，需用钱时卖出。因此我常跑黄金和棉布市场，一方面也作为职业掩护）。工作人员有瞿光熙、叶肇明、余瑾、陈季良等，对外出面负责的是瞿光熙。因“利永”和台湾有贸易关系，所以叶肇明常驻台湾。（三）“同和商行”，为根据地采购物资的单位。成立前从苏中根据地调来了李允竹、季一虎，在上海吸收了石惠隆、姜子才等人。由李允竹具体负责。1947 年 4—5 月间，国民党开始加强对上海港来往船只的控制，根据地运货船只不断出事，吴淞口已不能利用，我们的活动也开始向乍浦、镇海、宁波等地转移，并同当时“大华企业公司”建立了联系。“大华企业公司”系统是苏中对外贸易局 1946 年设在上海的贸易机构，主要任务是秘密销售由解放区运出的土特产品，然后在上海采购军需民用物资，秘密运回解放区，合力支援前线。“大华企业公司”由忻元锡负责，荣廉泉主持具体工作。“大华”在宁波、定海等港口有关系，我们就相互配合，“大华”有时就用我们的船只运货进出解放区，我们也通过“大华”的关系在宁波、定海等港口停船和装卸货物。

1947 年 10 月 19 日，我们办事处的一艘“金永元”机帆船装了“大华”一批棉布和染料从宁波开往苏中弶港。当时负责这趟运输的是范仲云，船务打杂是金世明，还带了搭船回解放区的杨立平和李明两位同志。“金永元”因在海上遇到风暴，在崇明的陈家港避风时，被当时新四军海防队叛变投敌的袁国祥扣留，抄出了船上带去的三封信，其中有一封是忻元锡写给苏中弶港冯昌伯的，要冯收货。袁国祥一看信后，讲了句“都是老朋友”。这个袁国祥原是苏北射阳河一带有名的海匪头子，被我苏中新四军海防队收编后担任海防队副队长，后来又投靠了国民党，继续在沿海一带敲诈勒索。这样我们船的身份就暴露了。当时船和货物都被扣在崇明陈家港，人员都被关在船舱里，晚上敌人在船舱盖上面压了块石头就走掉了。半夜，范仲云在同伴帮助下设法顶开了舱门，逃了出来。凌晨范搭崇明菜船到了吴淞，然后又乘火车到了上海，直接跑到“开源船务行”报告事件经过。陆明打电话告诉我范仲云回来的消息后，我立即让他通知所有与“开源船务行”有关的人员近期内不要再去了，同时约了陆明和范仲云在福州路“一家春”饭店碰面，见面后范告诉我：“袁国祥为此事已来上海报功”。当时我急切希望能在崇明解决问题，尽快营救被敌人扣押的杨立平、李明和金世明三位同志以及“大华”托运的货物和“金永元”机帆船。我和陆明商量后，决定去找苏中新四军一师长驻上海的张渭清，因他手上敌方关系较多，在崇明也有熟识的人。所以我就在“一家春”打了两个电话，先打张渭清，张不在。另又打陈明电话，约陈饭后在“利永棉布号”碰头。

回到“利永棉布号”，我打电话终于找到了张渭清。我讲了我们一条机帆船被袁国祥扣在崇明，船上装的棉布和人都扣在那里，问他有无办法。张渭清讲袁国祥有一老头子（结拜兄弟）住在吴淞，他办事处的工作人员王兴义认识这个人，可以通过这个老头子出面同袁国祥去说。我要张马上安排。张问我谁同去，我讲我自己去。

这时陈明也到“利永”。我把范仲云跑回上海和崇明事件的经过以及我准备通过张渭清去崇明安排解救等事向陈做了汇报，陈同意这些办法，也同意我去崇明。当天下午，我就到山海关路去看张渭清，到时王兴义也在，约定第二天早上乘船去崇明。

第二天一早，我一个人先从外滩上了船。到吴淞港时，王兴义陪着老头子也上了船。在船上，王兴义悄悄告诉我：袁国祥也乘这班船回崇明，同行的还有一个特务，跟得袁很紧。我叮嘱王兴义在船上尽量少同我接触，也不要让任何人知道我与他同行。上午10时，船到达崇明堡镇。安顿好老头子后，王兴义中午时分来码头找我，并把我安置到当地一位老乡家过夜。路上王告诉我，老头子和袁国祥正在海防大队队部东扯西聊，因为与袁国祥同到崇明的特务盯得紧，还没有谈到正题。快黄昏时，王兴义又来告诉我：“金永元”船上抓的一男一女（指杨立平和李明）已从陈家港押来堡镇，就关在前面民房里，到路口在窗外就可望见，问我要不要去看看。我讲不能去，“现在看他们没有用，要争取时间快把人、船和东西要回来，时间拖长了不利。你快想办法要老头子找机会和袁国祥谈。”王讲：不能急，他们就是要磨时间，双方都在揣摩对方心思，摸到就谈得上路，让他们磨去，反正还有晚上。我在焦虑中一直等到晚上10点，王兴义来告诉我说那个特务盯得紧，老头子和袁国祥没办法公开谈条件，看样子当晚不会有结果，让我先睡，有消息再来告诉我。第二天清晨，王兴义回来对我讲：他们昨晚谈到4点钟，最后讲定，如果明天上海不来追人，另外弄条船把货放到船上，让扣下的两个人和“金永元”船开走。大队部做个公函到上海，就讲人跑了，船和货都在。那个国民党特务也同意这样办。因此，当天上午，我到堡镇码头去等回上海的班轮。如果没有变化，我再准备抓紧安排把人和“金永元”船先搞回弶港，再谈取回货物的问题。

10时过后，上海轮船到堡镇，旅客上下岸后，轮船已鸣笛预备离开码头，这时几个伪兵连奔带跳跑来，吆喝着叫船等着，接着赶来两辆三轮车，车上坐着李明、杨立平和那个国民党特务分子，后面跟着一些伪兵，前呼后拥地把他们推上了船，我为防止被杨、李看到暴露，就转身到人群里，远远地看着他们上船。见到这个情景，我第一个想法就是“在崇明解救杨、李等人和货船已不可能了”。于是赶紧就回到昨晚夜宿的老乡家里，这时王兴义也来了，讲老头子他们才起身吃早饭时，上海来人送来一个公文，叫把船和人及货马上押解回上海。老头子在旁边看到，公文是从第一绥靖区司令部来的。那个国民党特务走后，袁国祥对老头子讲：要你白跑一趟，上海大概发生了什么事情，所以叫马上解走，并打听还有谁跟着老头子一起来的，因此老头子提醒王："当心袁还有什么坏心思。"

我当时立即决定想办法离开崇明回上海，但是回上海的轮船一天才一班，刚才已经开走。我请王兴义想办法弄条船把我送出去。等到天黑海水落潮以后，我一个人搭着一条小木船到了吴淞。我一路上心思焦虑：从上午眼见杨立平、李明等被特务押上轮船后，我心里一直在盘算到底是哪里出了问题。"金永元"出发时，我让杨立平（党员）带三封信到苏中。一封是"大华企业公司"忻元锡写给苏中根据地驻扎在弶港的冯昌伯，要冯收货，用的是白信纸信封，没有地址。第二封是陈明写给苏中财委陈国栋的，内容一般，也是用纯白信纸信封写的，无地址。第三封是我用"开源船务行"信纸信封写的，用以报关和卸货。这三封信都被袁国祥截去，而唯一有地址的只有"开源船务行"。莫非是我们"开源船务行"出了问题？可到底出了什么事？为什么一夜之间就要把杨、李等人押解回上海？到了吴淞以后，我赶紧搭火车回到上海。在北站打了个电话给陈明，约他在"利永棉布号"碰头。上午9点左右，我见到陈明，把前一天在崇明发生的情况向他汇报了，同时还问他"自我走后这两天'开源船务行'有可疑情况吗？"陈明告知，没有听说，表面都还正常。当时我们俩还是着重商量如何继续营救杨立平、李明两位同志以及"金永元"货船和"大华"托运的大批棉布和染料。同时也决定让我去一趟大华公司，告诉他们托运的这批货发生了问题，被扣留在崇明，我们正在设法营救。送走陈明后，我就直奔大华公司。“大华”在乍浦路桥附近一座大楼的六楼，我到那儿是10月24日下午2点左右。上楼以后，“大华”的弹簧门像平常一样的关着，我刚推门而入，突然就被人一把揪住，抬头一看大办公室靠窗已有20多人被看管着。事出突然，但我马上意识到“大华”已遭破坏。当时我被推到右边一张写字桌旁，三个敌人围住我，在桌上放了一张白纸，叫我写下姓名、地址、做什么的。因为时间非常急促，我当时只考虑了一点，只能写假名，职业是纱布跑街(掮客)身份，加上“大华”在不久前确实托我买过一批棉布，所以就写下名字“唐芸生”，地址就写了棉布交易市场“天津路××棉布号”。写好后，敌人问我电话多少？我就讲了“利永棉布行”的电话，那人也没写下，从墙上拎起电话就打，结果对方说没有“唐芸生”这个人。那敌人拉起手就在我脸上抽了一巴掌，问我到底是做什么的。我讲是纱布掮客，他们叫我到这里来拿佣金的。坐在窗口的一个敌人拿起桌上的报纸问我：“昨天市场什么行情？你讲！”我因为负责“利永棉布行”的资金流动，每天还在看纱布牌价，分析市场动态，虽然到崇明去了两天，但基本行情还能背得出来，因此也讲了一部分纱布牌号和市场行情。这时门外又进来了一个人，特务们都集中去审问他，我一看身旁没有敌人，就利用这个机会挤到对面窗口人多的地方站着，并把身上长衫脱下，改变了自己的装束。我当时内心起伏不定，不知“大华”到底是怎么出的事。想到在崇明“金永元”船上搜出了忻元锡的信，加上现在

“大华”已被破坏，我担心这两件事迟早会牵到一起的，而我进来后写下的姓名和地址都是假的，所以就一直思索着下一步应该如何应付。

将近下午3点钟，我和另外一些人被赶出“大华”，上了一辆卡车，到了三马路（今汉口路）的水上警察局。隔了不久，敌人把忻元锡的哥哥忻慰之押到我们坐的长桌子旁边，指着忻慰之一个个问我们可认识他。我因在“大华”同他只见过一二面，也未交谈过，所以就摇摇头。接着我就被带到靠旁边的一个小间，

1985年，当年在大华事件中的部分同志相聚在无锡。前排左二为汤季宏

当时里面已有四个人，其中有“大华”设在宁波的“鸿昌商行”负责人朱汉卿和“大华”的会计陆震东。我慢慢站到朱汉卿的边上，乘看门伪警跑开的空隙，就向朱汉卿打听到了一些情况：“大华”今天一早就被特务闯进来抓人。忻元锡去了青岛，没有被抓。但是荣廉泉、忻慰之以及正好从宁波来上海的朱汉卿等“大华”近二十几位工作人员和家属都被抓捕了。起因说是苏中高邮地委书记金柯叛变投敌，这两天金柯亲自挂着手枪去“大华”认人，“大华”几位主要工作人员的家也已被抄。

大约过了一个小时以后，我被叫去审问，还是问了我的姓名、住址，我还是按进来时写在纸上的重复了一遍。伪军问我去“大华”干什么？我说去取40块佣金。审讯我的伪军不耐烦我的回答，对着我扯着嗓子吆喝道：“共产党再狡猾也休想逃过我这两只手，我就是他妈的干这一行的。”这次审讯前后不到十分钟，接着就又把我带回小房间。我看小间没人看守，赶快靠近“大华”会计陆震东：“如果敌人问起有没有纱布掮客的40元佣金没有收去，你讲有这笔账。”陆点头答应。

5时不到，连我在内的一部分人从水上警察局被移送到了南市第一看守所。车子是密封的，里面很暗，我上车后就闭上眼睛假装睡觉，怕在黑暗中不当心被熟人认出而暴露。到了看守所以后，我被搜了身，随后进了一个没有窗只有门的大号子，那里面大约关了十四五个人。我看到陆震东和“金永元”船上的船务金世明和我关在同一间号子。我问金是怎么进来的，他说是随“金永元”号一起押回上海的。我告诉金世明说我进来是用的假名，叮嘱他说我们相互要装做不认识。第二天上午，他被叫出去审讯，敌人问他是否认识姓忻的和姓汤的？金说他自己在船上烧饭打杂，其他事情都不晓得，所以不到一刻钟就回到号子来。回来时告诉我说隔壁一间关的是女的，好像李明也在里面。也就是在当天黄昏，我在这边牢门往外张望，看到杨立平也在朝这里看，我对他摇手，示意他不要认我，他领会了我的意思，之后未再见他。

10月26日下午3时左右，我被叫出去讯问，提审我的是一个穿老蓝布夹袍的中年人。他先问我：“你叫唐芸生？”我说“是的”。随后我又把两天前在水上警察局受审时说的“我是纱布跑街（掮客），去大华取40元佣金”的托词又重复了一遍。那人一边做笔记一边问我“姓汤的你认识吗？”我讲“不认识，我只是去拿佣金，那里的人一个也不认识”。那人又问“那你怎么会到这里来的？”我讲：“不晓得，糊里糊涂被水上警察局抓来的，家里这两天没办法开伙仓，不知日子怎么在过。”那人对我说：“谁叫你做生意不看看做，那是共产党的地方，你知道吗？”我讲：“不知道。”这次审讯前后不到20分钟，就叫我出来了。

从10月24日在“大华”被捕以来，前后我总共被审问了两次。但在看守所这几天，我内心是非常紧张的，因为漏洞太多，敌人又在到处打听“姓汤的”，随时担心形势会突变，晚上睡不好，稍有声音就醒来，一直在心里盘算怎么应对各种可能出现的局面。

10月28日下午3—4点钟，敌人来通知我出去。当时点过名字以后，我在整理衣物，陆震东和另外两个因“大华公司”事件被捕的人跑来问我是不是被释放了？我讲：“还不知道，也可能情况起变化，又要被转到什么地方去了。但如果我被释放出去，一定去找人，把情况告诉他们，想一切办法来营救，日子不会太长，大家要坚持住。”

我和陆震东及其他几位狱友告别后就上了一辆警车。车子直接开到三马路的水上警察局，上楼以后，一个工作人员通知说：“你们自己打电话找个铺保办好手续可以回去了。”听后我停息了一会，考虑电话打到什么地方，最后还是打到了“利永棉布号”。电话是陈季良接的，我告诉他说我是唐芸生，我现在就可以出来了，要找个铺保，望马上带图章到三马路外滩水上警察局来办手续。中间我还轻声告诉他我的身份是纱布跑街以及唐芸生三个字的写法。大概过了半个小时，陈季良匆匆赶到，签字盖章把我保了出来。因为想到“大华”大部分人都还关在看守所里，审讯仍在继续，万一敌人发现我的真实身份可能还会追来，所以我请陈季良去通知所有人不要再去“利永棉布号”，然后请他帮我联系陈明，我要向他汇报这几天在看守所的情况。

10月30日下午，我和陈明在我堂妹绍澄家碰头。我先讲了在“大华”被捕和释放的详细过程，并提出案件如果转到淞沪警备司令部，对我们营救狱中同志不利，因为这两天沪上报纸上对这个案子报导不少，说是“破获了共匪补给机构，忻匪漏网”。

当年“开源船务行”的战友。左起：陈耀祖、金源明、汤季宏、（姓名不详）、陆明

我在水上警察局听说宣铁吾、毛森、陶一珊等淞沪警备司令部的要员都到过水上警察局，亲自插手这个案子，等等。我向陈明提出能不能找关系设法让第一绥靖司令部不要放手，我们可以通过塞钱给第一绥靖区司令李默庵的小老婆，把案件转到南通，再通过李默庵这条线进行营救。如果这案子让毛森等上海军统特务组织抓到手上就麻烦了。陈明说他会根据我的提议去和苏中组织联系想办法。同时我又提出如果敌人硬追“大华”和“开源船务行”在上海的关系，我在里面的真实面目可能暴露，所以最好尽早把“利永棉布号”撤掉，切断同“利永”的一切联系。我和原来“开源船务行”和“利永棉布号”的同志们都各自找地方隐蔽起来，完全采取单线联系的方法。

11月中旬，陆明通知我到八仙桥菜场一个饮食摊去同陈明碰头。见面后我们研究了机构结束和人员撤退等问题，决定陈明和我撤往香港，其余人都撤回根据地。陈明先去香港，与年初到那里的徐雪寒会合。他要求我把上海工作基本结束后，通知“联丰”公司的朱谌之（朱枫）给我买船票，她会送我上船并且告诉我香港的住址。此外陈明也跟我讲了叛徒金柯的问题。金柯原是苏中高邮地委书记，和忻元锡共事过。金从根据地来上海看病时，带来一个保姆同特务有关系，因此金被国民党逮捕而叛变。他出卖“大华”是通过一张支票发现了“大华”的地址，同时他也知道忻元锡在上海。因此“大华”早已被敌人盯上，“大华”门口放的一个花生米摊子就是敌人的监视岗。正巧敌人10月20日在“金永元”船上抄到了忻元锡和我等的亲笔信，当他们又发现船老大范仲云逃回上海以后，以为“开源船务行”同是“大华”的机构，怕“大华”采取隐蔽疏散措施，立刻对“大华”实行大搜捕。金柯本人还亲自去“大华”逐个认人。我不认识金柯，因此他来大华事件现场认人时我也不知道他是谁。

陈明同我在八仙桥分手后，大概在11月底就转移到了香港。我留在上海继续清理“开源船务行”和“利永棉布号”的收尾工作，安排工作人员撤离到根据地。我出狱后也一直惦记着离开看守所时答应“大华”的同志，如我释放，一定把狱中情况向组织上汇报，而“大华”是苏中财委下的机构，他们也一定盼望有人去通些消息，我又是被捕后首先出狱的，比较了解直接的情况，所以决定写封信去告诉苏中组织上。当时忻元锡下落不明，我的信就写给了苏中财委的陈国栋。我的信很简单，写在一张薄纸上，字不多，主要讲了敌人破坏“大华”的时间和我见到的情况，包括被捕人员、人数、监禁地点和我在“大华”被捕的经过。还有袁国祥投敌叛变，在崇明破坏“金永元”船的事件。信写完后，用锡纸包好后装在一个用剩的牙膏管里，委派原来我们运输机构里的一个年轻交通员、学生党员石惠隆随苏中的交通员方国风到南通，把我的信带去苏中财委。不久我的信就安全送达，石惠隆

汤季宏与当年“开源船务行”的通讯员石惠隆在1980年代的合影。大华事件后，汤季宏把消息藏在牙膏管里，请石带给在苏中财委的陈国栋

朱谌之（又名朱枫）。1948年元旦，她买好船票，把出狱不久的汤季宏送上去香港的轮船。她见汤衣着单薄，当即脱下身上的毛衣给汤披上。朱谌之1950年在台湾被国民党以间谍罪杀害

也是这次随方国风撤退到苏中根据地的第一批人员。

我一方面通过陆明指挥安排我们的人员撤离隐蔽，一方面想等大华事件平息以后，把运输机构下面的“开源船务行”、“利永棉布号”和“同和商行”的事情了结一下再去香港。但我刚出狱，不方便在上海公开活动，于是就决定和母亲带着小弟等暂时避居苏州我的三舅家。大约两星期后，我回到上海。陆明送来忻元锡写的一张字条，讲信已收到，陈国栋要他告诉我，事情基本结束后，要我们都撤往苏中根据地。我把字条也给陆明看，初步商定我去香港后他们即撤往苏中根据地。陆明同时也告诉我：关在南市看守所大华事件中的20多人已全部转解到南通第一绥靖区监狱。解往南通前，第一绥靖区司令部和淞沪警备司令部曾为此事发生争吵，最后还是解到了南通。听到这个消息后，我即通过苏中的交通员方国风送了一封信给忻元锡，告诉他大华事件成员已押解至南通。我将转移至香港，其余同志将撤离到苏中根据

地。这封信寄出时，已是1947年底。1948年元旦过后，“联丰”的朱谌之就帮我买好了去香港的船票。在一个寒冷的早晨，她亲自把我送上了轮船。

本文节选自汤季宏1965年简历

附：

王福和同志的革命经历

汤季宏

王福和同志又名王义悌、王阑之，1922年11月21日出生在浙江省定海县。父亲王振德，母亲王徐氏。王福和同志姊妹兄弟共七人：有兄三、姊一、妹一、弟一，他自己排行第五。1939年左右约17岁时，在上海西棋盘街（今河南路）一家呢绒店当练习生，业余在中华第四职工义务夜校读书，平时待人热忱，好学不倦。抗日战争发生后，因感国难深重，积极参加了该校同学会的抗日救亡活动，他负责的墙报工作，从组稿、审稿、编辑出版都是他一人担任，经常工作到深夜，冬天两手冻得红肿也从不叫苦。当时“孤岛”上海的环境日益恶化，为了团结进步青年，在该校教师金淑民等推动下，采用当时社会上通行的结拜兄弟的形式，同史祥林等同志结成了十弟兄，王福和是其中最年轻的一员，当时他才18岁。

1941年太平洋战争爆发，日敌侵占上海租界，学校被迫停办。十弟兄中的倪贯一、李云卿、汪文辉、阮如卿等先后到苏北参加了新四军，王福和也多次表示，不愿在敌人铁蹄下生活，要去投奔新四军。他当时放心不下的是在家乡的14岁的小妹，在一个寒冷的冬夜，他去向史祥林同志要了一只铁皮箱，之后史再没有在上海见过王福和同志。

1942年农历年初二，这时史祥林同志在新四军上海办事处担任来往于上海和苏北根据地的交通工作,路经苏中南通六甲镇，在苏中四分区民运部见到了他送给王福和的那只铁皮箱。经过查询，知道王福和也已到了苏中根据地，并打听到他在新四军所属的地方税务部门工作，史因急于赶路，没有去看他。

1943年初春，从上海向苏中新四军地区供应书籍和军需民用物资的新知书店上海办事处，这时已打通了从苏中到胶东八路军地区的海上运输线，由于书店运输部人手不足，书店领导人徐雪寒同志向苏中区党委四地委请求调人，四地委宣传部调来了王福和同志。王到书店运输部门工作前名叫王阑之，在苏中四分区某税务所担任副所长，到书店后恢复叫王福和，并在运输机构负责从苏中到胶东出航船上的船务工作。当时前往胶东的起航地点在苏中东台沿海的弶港和如东丰利镇沿海的环港，出航的目的地是胶东的五垒岛和乳山口。1944年7月一次出航，前后开出两条船，一条船由许季良同志负责押运，另一条是王福和同志负责押运，两船都是从环港出发前往胶东的乳山口。船上装的是上海运去的书籍和苏中当地生产的棉花，船是向环港渔民租用的捕鱼船，没有动力设备，都靠风力行驶，如在海上遇到逆风，行动就

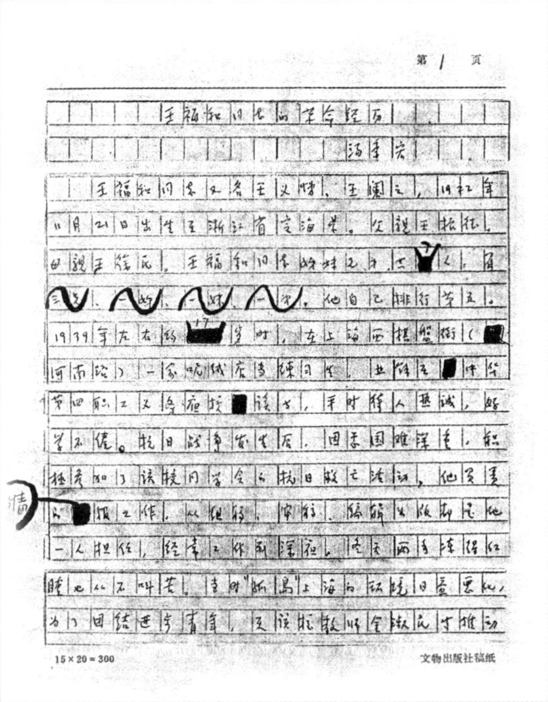
第 1 页

王福和同志的革命经历

汤季宏

王福和同志又名王义博、王阑之，1912年11月21日出生在浙江省定海县。父亲王根钛，母亲王储氏。王福和同志姊妹兄弟六[redacted]人，有三兄、一姊、一妹、一弟，他自己排行第五。1939年左右约[redacted]岁时，在上海西摆渡街（[redacted]河南路）一家呢绒店当练习生。业余在[redacted]中华第四职工义务夜校[redacted]读书，平时待人热诚，好学不倦。抗日战争发生后，因愤国难深重，积极参加了该校同学会的抗日救亡活动，他负责外[redacted]报工作，从组织、宣传、联络以致勤务是他一人担任，经常工作到深夜，忙得两手冻得红肿也从不叫苦。当时"孤岛"上海的环境日益恶化，为了团结进步青年，更深入地做好全救会的推动

15×20=300 文物出版社稿纸

汤季宏《王福和同志的革命经历》手稿

缓慢。当时许船先启航，顺利到达了乳山口，但两天后敌艇到乳山口骚扰，有一船员在敌人机枪扫射时不幸牺牲。王福和同志押运的这条船，出航后风向不好，经常在海上打转，不久就被连云港出巡的日敌汽艇发现，敌艇先是用小钢炮拦截，后用机枪射击紧追不休。当时苏中沿海一带的渔船，为防止海盗在海上掠劫，多数备有自卫枪支，王船在出航前又配备了一部分手榴弹，因此敌船逼近王船时，王船就用步枪、手榴弹还击，这样来回坚持了

一昼夜，在王船打尽了子弹手榴弹以后，敌人就上了船。在这之前，王福和同志已经向船员作了交代：万一敌人上船，要船员讲船是王租用的，船上的货是王的，枪是王打的，船员无责任。因此敌人上船以后，先是将王毒打，之后把王捆绑吊在船桅上，船被敌舰向连云港方向拖去。这时天色已晚，在途中，王利用黑夜敌人不备，挣脱了绳索投海壮烈牺牲，当时王还不到22岁。

1943年到1944年7月，王福和同志到新知书店运输部工作这一年多，一直在海上活动，多次来往于苏中和胶东根据地，有时还在苏中沿海运输物资。当时战斗频繁，敌人又常在沿海骚扰破坏，艰苦的工作条件和生活环境是难以想象的，但他从不怕苦，平时对自己要求很严，对工作高度负责，对同志诚恳热情，虽然离开我们已40多年了，他的音容笑貌还经常出现在我们眼前。

本文原载于生活·读书·新知三联书店

1992年版《新知书店的战斗历程》

引领人生　坚定信仰

在负责为根据地秘密运送物资的同时，汤季宏安排并亲自护送一批批青年学生从上海穿越犬牙交错的敌占区，奔赴抗日根据地。创立一个『公正、平等、和平新中国』的共同信仰使汤季宏和这些年轻人日后都成为新中国的栋梁之才。

阿哥带我参加革命

汤群

汤季宏大妹

1941年，日本人进入租界之前，我白天在上海牛庄路小学当教师，晚上回到卡德路(今石门二路)的二娘舅家。当时母亲带着小妹和小弟寄居在她的二哥家，我们一家挤在一个楼梯的夹层中。我阿哥季宏平时很少回来，也不住在家里。当时我们只知道他在一家书店工作，具体叫什么书店、在哪里都不清楚。他偶尔回来时，总有几个人帮他挑着铺盖卷儿到家，他吩咐母亲和我帮他保管好，说是晚上几点几点会有人来取。这样的事情经历了几次后，我就忍不住向阿哥打听，他开始不告诉我，也不许我打听。后来有一晚我看到几个年纪和我差不多的学生模样的年轻人来我家里取了铺盖和阿哥一起离开后，就追问阿哥："他们去哪儿？"他看了我一眼说："打日本人！"我和阿哥年龄虽然只差了20个月，但他在政治上要比我老成的多，我也不知道他当时已参加革命入了党，所以我猜我在他的眼里还

1935 年，汤群（上）与小妹汤绍涵在青岛

是幼稚落后的。当我兴奋地提出让阿哥把我也带去“打日本人”时，阿哥不相信我的决心：“那地方很苦很穷，你这个整天穿着旗袍的上海娇小姐怎么吃得起那个苦？”我缠着阿哥说：“日本人马上就要打入上海了，租界也不一定安全，我不愿意在日本人的管辖区继续教书，吃苦受穷我不怕，我也可以不再穿旗袍，但绝不愿当亡国奴！” 阿哥看我决心坚定，1941 年底，他托当时新知书店的负责人华应申和新知书店上海办事处的负责人王益两位同志把我带到了苏北新四军根据地，从此我走上了革命道路。到了苏北根据地以后，我开始是在农村搞“民运”，

1995 年春节，汤群（右二）与小弟汤绍治（左一）、小妹汤绍涵（左二）和大哥汤季宏团聚

后来在根据地合作社搞财务，1943 年日本人对根据地大扫荡，我们白天隐蔽在老百姓当中，晚上穿梭在青纱帐里打鬼子，牺牲了很多同志。1945 年抗战胜利后，我随部队转移到山东参加解放战争，直到 1949 年 5 月随部队南下回到解放后的上海，我才见到了分别八年的父母弟妹和阿哥。

我今年 99 岁了，1980 年代初就从工作岗位上离休了。纪念抗战胜利 60 周年时，我获得中共中央、国务院、中央军委向全国所有健在的抗战老战士、老同志及抗日将领或其遗属颁发的“中国人民抗日战争胜利 60 周年”纪念章。今年我有幸观赏了纪念抗战胜利 70 周年阅兵仪式，又被授予了“中国人民抗日战争胜利 70 周年”纪念勋章一枚。我常常想：如果当年没有阿哥把我送去解放区，我或许就会有完全不同的命运和经历。

2015 年 12 月

本文根据汤群口述整理

穿弄堂，走长途

任溶溶

著名儿童文学家

我是个老上海，在上海老市区都走了好几十年，当然，我走的是马路。马路两旁是一个个弄堂口，可是，除了包括自己家在内的很少几条弄堂，谁会无缘无故进弄堂呢？弄堂只是街区内一户户人家的通道，我们在市区走，当然走方便的马路，不会去穿弄堂。

可我真有过一次，穿过一条条弄堂在市区里走了很长一段路，我这才发现，穿弄堂也是可以走很远的。而带我这样走的是已去世多年的汤季宏老同志。

汤季宏同志是电影《51 号兵站》中“小老大”的原型之一。抗战期间，他一直往来于苏北新四军和敌占区之间，负责采购和运输物资的秘密工作。在上海，他为了少遇到些认识的人，总是舍马路不走，却穿弄堂而行。我就跟着他这样走过一次，时在 1941 年太平洋战争爆发前夕。

在今天西藏路原大上海电影院对面曾有一个很大的街区，叫做栅家园。街区一条弄堂里有一家泰风书局，专门发行进步书刊，当时我参加编辑的《语文丛刊》，就是由它发行的。那一次汤季宏同志带我穿弄堂“长征”，好像就从这个地方开始。这家书局进弄堂没走几步就到，可是汤季宏同志带着我却不出弄堂，反而向弄堂里面走。我真没想到，栅家园这个街区一条弄堂通另一条弄堂，弯来弯去，简直像个迷宫。说它是个迷宫，一点也不假，因为有些弄堂是“死胡同”。可是汤季宏同志熟门熟路，知道哪些弄堂可以通出去，哪些弄堂是“死胡同”，一路走来全不费工夫。

我已经记不起我们穿一条条弄堂走过了哪些街区，其间又穿过了几条什么马路（当时马路没有现在宽，有些小得像大弄堂），最后，来到武定路近今江宁路的万利印刷厂，我那个刊物就是在这里印刷的，太平洋战争爆发后，它成了地下党以苏商名义出版的《时代》杂志第一个编辑部兼印刷厂。算下来我们从今天的黄浦区走到了静安区。我们走过的街区如今大都拆掉了，改建成高楼大厦，那些旧弄堂自然也不再存在。我说的真是件陈年旧事。

可是当看电视剧谈到20世纪三四十年代繁荣的旧上海时，我会不禁想起这件陈年旧事，想起当时穿越繁华旧上海那些狭小弄堂的汤季宏同志那瘦小的身影。

本文原载于2008年4月7日《新民晚报》

老领导、老大哥

刘祥林
原上海市文联党组副书记

1948年，潍坊刚解放，我才17岁，还在山东潍坊读初中。我下了课常常去学校附近的华东新华书店看书，里面的工作人员都穿新四军军装，很和气。有一天，书店门口贴出布告招收工作人员，我就去报名。当时招生的对象大部分都是中学生，考核方式就是每人写一篇文章。过些天，书店的宋经理就通知我去报到，说是要去青州参加集训，还包吃包住。我就跟爹娘告别，从潍坊坐火车到了青州。当时华东新华书店总店就在青州的乡下。总店经理是王益，汤季宏是秘书处主任。他这个秘书处主任什么都管，我们这30多位不到20岁的小年轻到了总店以后也归老汤管。他把我们组织起来，取名讲习班。老汤是讲习班的主任，请了很多专家比如叶籁士、恽逸群、华应申等给我们上课。

济南解放以后，新华书店下面各个部门准备南下，老汤身边需要一个文书，帮着抄写文件，记录会议，刻印钢板，于是老汤

汤季宏 1949 年底摄于上海

就挑了我，从此我就一直跟着他。他比我大 15 岁，像兄长一样照顾我，有一次我感冒，他买生梨和什么中药炖在一起给我吃；他还介绍我看各种各样的书。在行军路上，他也很照顾我，我要背文件，还要背油印机，老汤让我把这些东西放在马背上牵着走，他自己和我一起走路行军。我们住在一个房间里，我喜欢唱歌，晚上躺在床上扯着嗓子唱，老汤要写东西，看文件，嫌我烦。天一黑就叫我早点去睡觉，等我睡着了才开始做他的事。

1949 年我随华东新华书店南下到了上海以后，也一直跟着汤季宏。1950 年老汤被胡愈之点名调去北京出版总署计划处工作，我继续留在上海华东军政委员会新闻出版局办公室。1951 年老汤调回上海任出版处副处长，又把我调去当他秘书。那时我还不满 20 岁，整天跟在他后面，星期天有时他会带着局里的几个小年轻去看电影，过年过节带我们去澡堂洗澡。他是老上海，那时已经是副局级干部。我们都是一群从山东、江苏跟着他南下到上海的小年轻，对他非常敬重，但从不惧怕他。他当时还没结婚，工资津贴比我们高多了，周围有些同志上有老下有小，到了月底工资不够用，老汤就让我把他的工资留二三十块在抽屉里，在月底时专门资助这些同志。老汤对工作非常仔细认真，我们写的党务报告、业务总结，他都要一个字一个字地斟酌惦量以后才

1965 年，汤季宏（前排左三）带队参加“四清”工作时留影。后排左一为刘祥林

签字通过。1957 年上海市出版局成立以后，除了编辑这一摊以外的出版印刷发行工作都归老汤管，他忙得不得了，连星期日都没休息。而我也从局长办公室调去负责共青团和党务工作，虽然不直接跟着老汤，但还是在一个楼层工作，两人常常见面。

“文革”一开始老汤是出版局最先被打倒的局级干部之一，而我也被下放到了崇明农场多年。“四人帮”粉碎后我调到市委宣传部工作，了解到老汤因为 1940 年代为地下党工作时被日本人和国民党两次被捕的经历而一直没有被平反，就帮他一起写材料，递申诉材料，直到把强加在他身上的一切不实之词推翻为止。

老汤是我的老领导，我一辈子都非常尊重他，把他看作老大

1990 年代中，刘祥林、田尔、王益和汤季宏（左起）相聚

哥。他做人非常正派低调，就像他的为人，轻言细语，从不张扬。他对同志对下级非常爱护，如果我们在工作中出了错，他会关起门来严肃地批评我们。但对上级，他总是自己承担责任，从来不把责任推给下属，所以当他 1978 年复出筹建中国大百科全书出版社上海分社时，他一个电话，便把许多自 1950 年代就跟着他在出版局工作的部下统统召唤到了一起：有马步卓、沈霞飞、应诗瑜、刘凯民等。

2016 年 2 月

本文根据刘祥林口述整理

百废待兴　出版巨匠

1949年，汤季宏随部队南下，参加接管上海的出版业。自此，他从事了一系列开创性的工作：参与和领导了私营出版业的改造，选址建立国有出版社；收缴黄色书刊，净化文化市场；整顿印刷行业，提高出版质量；规划福州路文化街和专业书店。『文革』前，在他的亲自领导下，中国出版物第一次获得国际金奖；针对我国印刷字体的不规范和缺失，他领导成立了印刷字体研究机构，所创制的印刷新字体首被用于《毛泽东选集》和《辞海》，并沿用至今；在他的积极主张和推动下，『朵云轩』在20世纪50年代中建立了木刻水印工场，作品曾被作为国礼赠送外宾，保护和发扬了我国传统的印刷工艺。

凡事历行而不悔

——忆季宏同志

孙立功

原新华书店上海发行所副经理，中国唱片总公司
上海分公司总经理

我和汤季宏同志相识于1949年新中国成立前夕。当时党中央宣传部在刚解放不久的北平召开全国新华书店第一次出版工作会议，我是作为华东地区新华书店的15名代表之一出席那次会议的。当时汤季宏同志作为华东地区出版工作委员会成员参加了会议的筹备工作。会议期间，我们经华东新华书店总店王益经理介绍相识。

在这次会议上，中国共产党领导的解放区新华书店和国统区三联书店两支出版队伍胜利会师，为新中国出版事业的大发展制定了方针政策。会议决定：全国新华书店实行集中统一领导；出版、印刷、发行工作由原来新华书店的一体化改变为专业分工。1950年新华书店华东总分店成立，我从皖北新华书店调到华东总分店工作。汤季宏同志先后在上海出版事业管理处、华东出版事业管理局和上海新闻出版局担任领导工作，主要分管新华书

店，自此我们有了较多的接触和了解。

1954年，新华书店华东总分店随大区撤销，新华书店总店在上海成立了新华书店上海发行所，负责上海出版物对全国的发行业务。上海发行所受新华书店总店直接领导，同时接受上海市出版局监管，党的组织关系在出版局党委。季宏同志时任出版局副局长，分管发行口，自此，我一直是在他的领导下工作，受到他的教益和帮助多多。

我和季宏同志相处相知40多年，他在我心目中是一位厚道、宽容、为人低调、好相处、好共事的领导干部。在“运动”不断、“左风”当道的一些年代，他不跟风，不整人。在工作中，季宏同志给了我不少帮助。我记忆深刻的是1956年，由于多种原因，我曾向组织上要求调动工作，总店没有同意，王益同志委托季宏同志做我的工作。他曾多次找我交谈，指出我要求调动不全是工作原因，而是我对当时“审干”的结论有些想不通，怕今后的工作不好做；他劝我要想得开，要相信组织，不能背思想包袱。他说在工作上，总店和出版局领导是了解你的，信任你的，你提出的困难局里也会尽量帮助解决的。不久，经局领导和局党委研究决定在发行口成立一个领导小组，要我担任组长；领导小组负责对新华书店、外文书店、古籍书店、旧书店的业务进行统一领导和管理。就这样，我想自己只有安下心来，努力工作，才能不辜负组织上的信任和帮助。

“文革”结束后，出版局安排我重新工作。当时我要求离开新华书店，局里曾要我去上海书画出版社工作，我提出想调离上海出版系统。季宏同志了解我的想法后，通过市委宣传部调我去中国大百科全书出版社参加上海分社的筹建工作。

在工作上，我很佩服季宏同志的敬业精神、严谨作风和对某些工作采用慢工出细活的要求。对某些重要任务和涉及面广的工作，季宏同志总是以高度负责的精神和十分谨慎的态度去承办和处理的。这方面给我印象深刻的有这样几件事：

1954 年上海发行所成立后，对国营出版社的出版物实行包销制度，而对私营出版单位的出版物实行代销。包销是不管出版社出什么书、印数多少、好销与否都由发行所包下来；出版社只要把出的新书送到发行所仓库，就可以把书款通过银行划拨收走。发行所的性质是企业，计划任务是新华书店总店下达的，利润是上缴中央财政的；而出版社是事业单位，计划任务是出版局管理的。这种包销制度执行的结果是产、销脱节，大量图书销不出去积压在发行所仓库，造成发行所资金流转困难，完不成上缴利润；同时发行所还要承担清仓报废滞销图书的经济损失。为此，发行所曾一再向总店和上海出版局请求改变图书包销的制度。季宏同志是了解发行所工作的难处的，可图书包销制度是国家出版总署按当时的情况制定的，一时也解决不了。经他和出版局长罗竹风同志多次开会研究，采取了不少变通的做法，如：出版社的出版计划和出版意图要及时通报给发行所的对口发行科，由发行所编发新书预告和征订目录，向全国图书销售单位征订，并按征订数向出版社订货包销；出版社在发行所包销部分之外加印的部分，则采取由发行所先代销，后结算付款的方式操作。这样做，既加强了社店之间的信息沟通,也比较妥善地解决了产销之间的矛盾。

上海解放初期，图书市场上从事旧书刊、旧连环画等出版物销售和出租的个体摊点多达 2500 多个，所销售和出租的出版物有不少内容反动、淫秽、荒诞的混杂其中，污染社会，危害极大，国务院和上海市人民政府下令坚决查处。为加强领导，上海专门组成了由市委宣传部、出版、文化、教育、公安等 13 个单位参加的“处理反动、淫秽、荒诞出版物办公室”，汤季宏同志担任办公室副主任，承担组织指挥查处工作，各出版社、书店也都抽调人员参加。从 1951 年到 1956 年，共进行了六次集中查处工作。此期间共审查旧书刊一万多种、旧连环画八千多种；处理了内容反动、淫秽、荒诞的书刊近五千种、连环画近七千种。为减轻出售、出租摊点的经济损失，除对少部分纯属反动、淫秽的出版物作没收、销毁的查禁处理外，对大部分出版物则采取以旧换新的方式处理。对 2500 多租售摊点的从业人员实行归口管理；对从业者自发组成“合作出租小组”的，由新华书店给予货源帮助，折扣优惠；对改行转业的人员除帮助就业外，不少人员被新华书店、古旧书店和街道图书馆吸收安排。这项重大政治任务的顺利完成，季宏同志付出的时间和精力最多。

上海作为国家的出版基地，解放初期出版社、杂志社和各类书店共计有 510 多家。解放后，对外资和国民党官僚资本的一部分出版社和书店被军事接管后，只有中华、商务、开明等少数几家大的私营出版发行单位还可以维持经营，其余几百家“小本经营”、“跑马书店”、“皮包出版商”都陷入了困境。按照当时党对私营出版社和书店实行“团结、利用、改造”的方针政策，在出版局的领导下，国营出版社和新华书店做了大量的工作。一部分规模大、经营管理有方、对全国有影响的私营出版机构，如中华、商务、开明等的统战工作是出版局和所属的出版社负责的；大部分规模较小的出版发行商都是新华书店通过同业公会做工作的。这些统战工作都是在汤季宏同志领导下进行的。根据当时的实际情况，采取统筹安排、扶持发展的原则，从加强领导、管理上入手，组织公私合营、私私联营，发展到全行业改造，比较顺利地完成了对全市507户私营出版、发行单位的“团结、利用、改造”工作，对两千多名原从业人员也都由新华书店和公私合营的上海图书发行公司吸收并安排工作。

我在中国大百科全书出版社上海分社工作的时间较短，而这段时间是我在获得身心“解放”后，想在新的工作岗位上边学边干，力争把“文革”十年荒废掉的时间补回一些来的阶段。参加上海分社筹建工作的一些老同志大都遭受过“文革”的折磨，“人同此心”，大家都想为《中国大百科全书》的早日面世贡献一份力量。上海分社的筹建工作是白手起家，在陈虞老和季宏同志领导下，大家“志同道合”，团结奋斗，以最快的速度在第一年就基本解决了人、钱、米的基础工程；第二年建成了编、产、销一条

1979 年，孙立功（右）和汤季宏在北京出席会议

龙的工作机制；第三年《中国大百科全书》的首卷《天文学》卷就成型付印面世了。上海分社初建阶段只设有编辑部和经理部，领导上要我负责经理部。经理部在季宏同志直接指挥下，工作重点是抓出版、印刷、发行和经营管理的队伍建设；抓基建，为上海分社选址、征地、建房，争取早日“安家”。季宏同志虽是“慢性子”，但在这段初创的日子，却总是稳中求快，连我这个“急性子”有时也会感到跟不上他的节奏。

我原想把我“告老还乡”前的时间都交给中国大百科全书的出版事业，没想到 1980 年末国家出版事业管理局把我从上海调往北京承担中国出版对外贸易总公司的筹建任务。离开上海，我

1980年代初，孙立功（后排右一）与汤季宏（前排左一）、邢至康（前排右一）等去姜椿芳（前排左二）家拜访。前排右二为舞蹈家陈爱莲

还经常想着一起为中国大百科全书出版而奋斗的同事们，回想着和季宏同志一起筹建上海分社的点点滴滴。1983年，中央广播事业管理局要在上海筹建中国唱片总公司上海分公司，组织上又把我调回上海从事音像出版发行工作。这样，我很高兴又能和上海分社的老领导、老同志以及曾经共事三年的“百科人”相会。在音像出版发行的工作之余，我会到古北路看看拔地而起的上海分社一幢幢办公大楼，也会和当年共事的同志们叙叙旧。

岁月无情，生命苦短，而今，当年创建上海分社的不少老领导、老同志都已先后驾鹤远行，季宏同志比陈虞老、火子等老同志走得晚些，他住在华东医院的那段日子我曾多次去医院看望他。

每次见面，他总会和我谈起我们共同记忆的那些往事，每忆及此，感慨万千。季宏同志把自己的一生奉献给了党和新中国的出版事业，堪称《中国大百科全书》问世的有功之人，“百科社”不会忘记他，和他一起奋斗过的“百科人”也将永远怀念他。

2016年3月

脚踏实地的操盘手

——忆出版界老前辈汤季宏

巢峰

原上海辞书出版社社长、总编辑

1954 年，我从南京调到上海华东新闻出版局，那时叫“老华东”。当年，华东新闻出版局的负责人就是汤季宏。他领导我的时间蛮长的。在我的印象中，汤季宏的一大特点就是烟不离嘴。他还有个很漂亮的烟盒子。有一次开会，他开玩笑，要将这烟盒子送给我。

汤季宏是一位资格很老的干部，事业心很强。从 1951 年开始，老汤就主要负责对上海出版、印刷和发行私营企业包括四五万职工的社会主义改造。我记得，私营出版机构和书店当年曾有五六百家，后来一下子过渡为公私合营，最后又归为国营。

那段时期，还成立了新的出版社。原来只有上海人民出版社、上海人民美术出版社、上海文艺出版社。比如，上海文艺出版社有很多私营出版社并进来，上海文化出版社大概并入五六家私营出版社。上海科技出版社也是由七八家私营出版社并入的。

其实，现在好多出版社都是从当年改造私营出版社的基础上建立起来的。私营出版社的老板一般都是文化人。有些人年轻时与鲁迅还有过联系。

在此过程中，汤季宏主持工作，还有万启盈。对出版社的改造，主要是由汤季宏领导和完成的，其间工作量非常大。后来，只有商务印书馆、中华书局沿用了原来的名字，到 1956 年 12 月，上海出版业全部顺利完成了公私合营。从这时起，上海出版业的新格局基本奠定。这个任务，汤季宏圆满完成了。

1957 年 5 月，随着华东大区的撤销，上海市人民委员会决定将出版事业管理处改为上海市出版局，汤季宏出任出版局党组书记以及第一副局长。现在新闻出版局在绍兴路 5 号的办公楼，是我和方学武（主任之一）当年乘着黄包车全上海转悠以后提出的方案之一。这是一幢有四五个楼层的独立洋房，出版局成立时机关才四五十人，房子大小规模正合适，我们便看中了这个地方。老汤当即拍板同意。

从这时开始，汤季宏正式向上海市市长曹荻秋以及市委宣传部长石西民提议，把绍兴路建设、规划成出版一条街；保留、继承和发展上海“福州路—山东路—河南路—九江路”一带上海文化街的特色，沿路开设各类专业特色书店和文具用品门市部。

福州路俗称“四马路”，是老上海有名的“红粉街”。这里两种截然不同的文化现象并存，一面集中了中华书局、商务印书馆、开明书店、时报、华美报馆等一些新闻出版文化企业。除了这道文化景观之外，还有药店、旅社、澡堂、戏院。更多的是妓馆，会乐里就是最大最有名气的一家。

新中国成立不久，福州路上的黄色书刊泛滥，气象混浊，无人监管。时任华东军政委员会新闻出版局出版处兼发行处处长的老汤开始负责福州路上的“文化扫黄”活动，合力整顿了当时的书刊市场，福州路上的黄色书刊自此一扫而空。同时，他也争取到上海市政府的支持，从 1956 年到 1966 年十年间，上海市出版局陆续在福州路一带开设了古籍书店、上海古旧书店、外文旧书店、上海音乐书店等，以及多家纸行、笔庄和文化文具用品商店，形成了专业书店一条街。现在，福州路已成为上海市标志性的文

1991 年，巢峰（左）与汤季宏（中）、罗竹风在一起

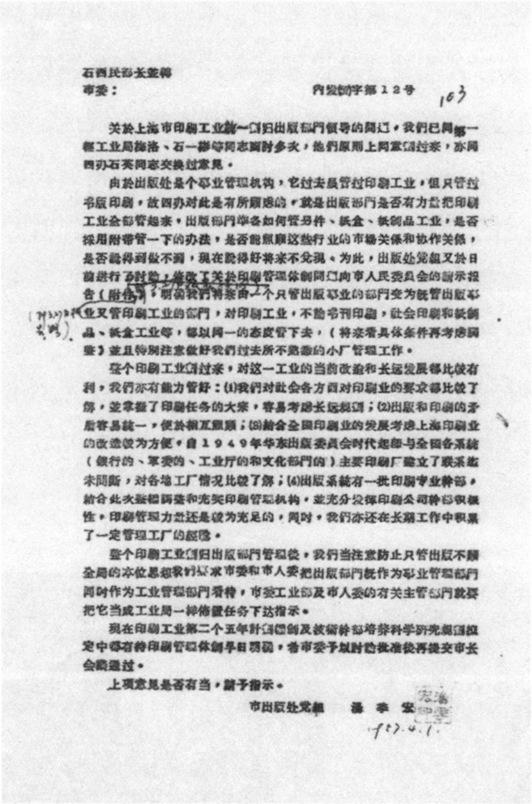
石西民部长並轉
市委：　　　　　　　　内发〔57〕字第12号

关於上海市印刷工业統一划归出版部門領导的問題，我們已同第一輕工业局韓洛、石一雄等同志商討多次，他們原則上同意划过来，亦同四办石英同志交换过意見。

由於出版处是个事业管理机构，它过去虽管过印刷工业，但只管过书版印刷，故四办对此是有所顾虑的，就是出版部門是否有力量把印刷工业全部管起来，出版部門準备如何管另件、紙盒、紙制品工业，是否採用附带管一下的办法，是否能照顧这些行业的市場关係和协作关係，是否能得到做不到，现在說得好将来不兑现。为此，出版处党組又於日前进行了討論，修改了关於印刷管理体制問題向市人民委员会的請示报告（附件），明确我們将來由一个只管出版事业的部門变为既管出版事业又管印刷工业的部門，对印刷工业，不論书刊印刷，社会印刷和紙制品、紙盒工业等，都以同一的态度管下去，（将来看具体条件再考虑調整）並且特別注意做好我們过去所不熟悉的小厂管理工作。

整个印刷工业划过来，对这一工业的当前改造和长远发展都比較有利，我們亦有能力管好：(1)我們对社会各方面对印刷业的要求都比較了解，並掌握了印刷任务的大察，容易考虑长远規划；(2)出版和印刷的矛盾容易統一，便於相互照顧；(3)結合全国印刷业的发展考虑上海印刷业的改造較为方便，自1949年华东出版委员会时代起即与全国各系統（銀行的、軍委的、工业厅的和文化部門的）主要印刷厂建立了联系並未間斷，对各地工厂情况比較了解；(4)出版系統有一批印刷专业幹部，結合此次整編調整和充实印刷管理机构，並充分发揮印刷公司幹部积极性，印刷管理力量还是較为充足的，同时，我們亦还在长期工作中积累了一定管理工厂的經驗。

整个印刷工业划归出版部門管理後，我們当注意防止只管出版不顧全局的本位思想我們要求市委和市人委把出版部門既作为事业管理部門同时作为工业管理部門看待，市委工业部及市人委的有关主管部門就要把它当成工业局一样佈置任务下达指示。

現在印刷工业第二个五年計划體制及技術幹部培养科学研究規划拟定中都存待印刷管理体制予自明確，希市委予以討論批准後再提交市长会議通过。

上項意見是否有当，請予指示。

市出版处党組　湯季宏
1957.4.1.

汤季宏1957年4月1日写给市委宣传部长石西民同志的报告（草案）。报告要求把上海市印刷工业，由轻工业局统一划归出版局管理

化一条街，我们漫步福州路，陶醉在淡淡纸墨香味、古韵悠然的氛围中，再也找不见当年颓靡的老上海气息。可以说，这也是老汤的功劳与贡献。

1950年代中期，出版印刷这一部分还属于上海市轻工业局管理。编、印、发这三个环节并不是在一处的。在计划经济体制下，为了便于管理和开展工作，老汤千方百计、费了九牛二

虎之力，和一起搭档的副局长万启盈同志经过多方呼吁和奔走，终于把原属于上海市轻工业局的印刷公司划归出版局管理，使得产业链整合为一体。在计划经济时期，这是一件非常有意义的大好事。然而，改革开放以后，印刷被划给文新集团；新华书店被划给解放日报；出版被划给新闻出版局，如此一来，产业链又分开了。我现在回想，老汤在1950年代出版改革方面的一系列举措，都是非常明智的。

2015年12月

本文根据巢峰口述整理

他为出版事业奉献一生

马步卓

原百科全书发行公司副经理

一、我与老汤的缘分

我是 1956 年调到上海市出版局的，当时叫上海市出版事业管理处，但是局级建制，老汤是处长，办公地点在南昌路科学会堂西门。1957 年 7 月出版事业管理处改为出版局后就搬到了绍兴路 5 号，当时老汤是副局长。1957 年 11 月罗竹风来了，任出版局代局长，党组书记是老汤。我当时在人事处，处长是洪荣华。成立局长室后，我从人事处调到局长室当局长秘书，兼党组秘书。罗竹风任代局长时，有两个副局长，一个是汤季宏，还有一个是万启盈。后来罗竹风因为写了一篇杂文《杂家》，为编辑鸣不平，遭柯庆施点名批评，被调到《辞海》编辑部当编辑去了，故有一段时间出版局局长空缺。后来大约 1964 年，马飞海出任局长，此后出版局才真正有了局长。

我在1960年下半年调到局办公室，与老汤有工作联系。我当时主要负责每月写一份简报，就是局工作简报，向老汤汇报。开局长会议、局务会议时作记录、整理文字工作。我和老汤的接触主要是这三年多时间。

二、老汤的出版经历和功绩

老汤在新闻出版方面的经历在领导人中是最长的，从华东新闻出版局开始到上海市出版局，一直到1978年，离开出版局后到中国大百科全书出版社上海分社。

老汤在出版局时主要分管发行和财务，综合业务处是他管的，主要负责经营管理方面，罗竹风则管出书。罗竹风和老汤关系很好，两人搭档很协调。罗竹风说其他事情问老汤去，而出书方面老汤很尊重罗竹风，当时老汤心情舒畅。罗竹风为人泼辣，思想开放，放得开，两人关系到老一直都很好。

现在市场上搞的特色书店，老汤早就提出过，当时叫专业书店，如美术书店、古籍书店等。老汤亲力亲为，如门面用啥招牌，用啥字体，他都要亲自过问，为此还被批评为“事务主义”。他提出要搞书城，要把河南路—昭通路—山东路—福州路一带搞成文化街，为此还专门写报告给曹荻秋，但后来没有批。他也不是空讲讲，而是真的去实施。不仅要搞专业书店，他还要搞咖啡馆，供读书人坐坐、聊聊，那可能是在1950年代末60年代初。古籍书店里面吊的宫灯都是老汤自己设计的,包括字体都是他设想的,音乐书店、古籍书店、美术书店、上海旧书店都是用鲁迅字体,现在看来起了很大作用。特别是古籍书店成立以后,很多版本书都是从那时收集起来的,很多革命文献是从旧书店收购中发现的,还有期刊、地下刊物、古籍善本也是从旧书店收购来的,老汤在其中起了很大作用。当时的专业书店就是现在所谓的特色书店,不仅卖书,还讲究环境,有读者服务室,摆放沙发,让读者不愿离开,坐下看书,以此吸引读者。这种理念当时已提出来了,说明老汤思想很超前,但在当年被批判为“封、资、修”。

中国大百科全书出版社上海分社成立前,大约是 1978 年 5 月份开过一次会,老汤打电话叫我来听听。“四人帮”粉碎后,宣传部成立了一个复查组,抽调了八个人,我是其中之一,被抽调到新华书店复查组,当时新华书店有 32 个戴“反革命”帽子的人需要复查,复查还没结束,任务很重。那次参加会议的还有姜老(姜椿芳)等。开会的主要目的是为组建大百科上海分社招兵买马。老汤找我和沈霞飞当他助手,老汤出版系统人头熟悉,开出名单,由我和沈霞飞去办……后来又调来罗洛主持中国大百科全书出版社上海分社的工作。

在大百科上海分社任职期间,老汤首创自办发行,搞“编、印、发”一条龙,当时不这样做的话,大百科很难办下去。自办发行是大百科等几家出版社最先搞起来的。大百科还搞特约经销,以此铺开网点。现在看来老汤的这种做法都是创新,已经有这种理

《苏加诺总统藏画集》

念。而且他不仅是讲讲的，也是去做的。当时不“事务”的话，是闯不出来的。

老汤曾搞过两本画册，1950年代末在莱比锡得过金奖，一本是《上海博物馆藏画》，一本是《苏加诺总统藏画集》，纸张挑选等都是他当年亲自负责的。

还有一本《鸭头丸帖》，字不多，是王献之的书法，非常有名。《宝晋斋法帖》里收有《鸭头丸帖》，也是老汤的功劳，社里专门送他样书。当时我在局长室，知道此事。

老汤做的大量工作主要是在解放后，解放前主要搞运输，冒着生命危险为解放区输送紧缺物资，人称“小老大”，以前老汤从来不宣传自己。

2015年10月

本文根据马步卓口述整理

当一个有“肩胛”的领导

严瑾

原复旦大学纪委副书记，上海社会科学院党委书记

20 世纪 50 年代初，我和邢至康一起在上海的嵩山区（南市区和卢湾区的前身）教卫部工作。她当时是教卫部长，我是科员。不久我作为调干生，进入复旦大学新闻系学习。此后的 20 多年，我们尽管都生活在上海，但是不在一个系统工作，而且当时政治运动一个接着一个，整天忙忙碌碌的。尤其是在十年动乱期间，我们都成了被打倒的对象。因此在我的记忆中，我们好像没有再联系过。大约是在 1977 年的一天，我和邢至康在淮海路的妇女用品商店门口相遇，她热情地邀请我去附近她的家坐坐。她的爱人汤季宏同志正好在家，我们相互认识了，我也才知道老汤当时正在筹备中国大百科全书出版社上海分社。

我那时在复旦大学新闻系任党总支书记。不久，中共中央、中央组织部为拨乱反正、平反冤假错案、落实干部政策发出了一系列文件和指示。复旦大学党委为了更好地梳理“文革”以来的

积案，决定成立纪律检查委员会，于是我被调到纪委担任常务副书记，主要根据中央文件贯彻执行“文革”中各类冤假错案的平反工作；以及平反右派，落实干部、教师政策的具体工作。

大约是在1979年初，我在上海的一份报纸上看到著名学者王元化的讲话，同时还注明他的工作单位是中国大百科全书出版社上海分社。我知道王元化当年因为“胡风反革命集团案”而受到牵连，是被正式定罪为“胡风集团”骨干分子而被开除党籍的。当时中央对“胡风反革命集团案”的平反还没有任何文件和动静。王元化能在报纸上公开发表讲话也许就是一个信号，我由此想到我们复旦中文系有几位教授和学生在1956年“胡风反革命集团案”中被司法定罪或受到牵连，其中最著名的就是贾植芳教授。

我自己是新闻系出身，过去并不认识中文系的贾先生，但我在新闻系任行政工作时，系办公室的后门正对着学校的印刷厂。每天中午，不管是刮风下雨还是严寒酷暑，总有一位黑瘦单薄的老人脚步匆匆地往校外走去，看着令人心里酸酸的。后来办公室的同事告诉我，这个人就是中文系的贾植芳教授，当时他在印刷厂接受监督劳动，他每天匆匆赶回去是为了和夫人一起吃午饭。

听说王元化已经正式在中国大百科全书出版社上海分社工作了，那是不是表明他被“平反”了？于是我们就去上海市委组织部了解情况，组织部的答案很明确：“中央还没有下达任何关于平反‘胡风反革命集团案’的文件”。我想起邢至康的爱人汤季宏同志是大百科上海分社的负责人，于是决定去向他了解情况。

那次是我和老汤的第二次见面。老汤证实王元化正一起参加大百科上海分社的筹备工作。虽然王元化的“胡风分子”帽子还没有被正式摘掉，但当年强加在他头上的各项罪名已经被逐条推翻。老汤还详详细细、一步一步地把他们如何为王元化解除罪名的步骤告诉了我：

（1）王元化和贾植芳一样是被定罪的“胡风分子”，所以他们的档案都保存在上海市公安局的政保处。当时公安局政保处有一位经手“胡风”案的同志建议：绕过“胡风反革命集团案”这个大帽子，只是根据王元化当年被定罪的所谓证据（言论、信件或文章）来逐条清理、推翻，直至达到彻底无罪的申诉。

（2）虽然当时中央还没有正式下达为“胡风反革命集团案”平反的文件，但组织部长胡耀邦同志已经发表了“平反一切冤假错案”的讲话，全国上下都处在一种“拨乱反正”的积极氛围中，所以上海市委和市公安局对我们提出的申诉都很认真重视，没有太大的阻力。

听了老汤的介绍，我回学校向党委汇报后，立即开了介绍信去上海市公安局政保处查阅贾先生的档案。我已经记不住当时政保处负责同志的名字了，但对他的印象非常深刻。他是市公安局“胡风”案件的具体经办人，一个正派热心的老同志。他对案件情况非常熟悉，为我们提供了一切方便，让我们把整整两摞齐腰高的“胡风”集团档案借到学校里，我们因此利用暑假两个月的时间逐条翻阅，把对贾植芳先生的指控逐条推翻。我们也抓紧时

1983 年，汤季宏与王元化、陈虞孙（左起）在大百科上海分社会议上

间把为贾植芳先生平反的申诉文件送给了复旦大学党委。9 月新学期开学前，贾先生被正式解除监督劳动回到了中文系任教。

时隔一年之后的 1980 年 9 月，中央下达了 79 号文件为“胡风反革命集团案”平反。很多受“胡风案”牵连的其他同志才开始被陆续正式撤销罪名，恢复工作。

通过这件事，我和汤季宏同志慢慢熟悉了起来。我记得我曾经问过老汤：为什么在中央平反“胡风案”的文件还没有下达时，他就会想到要把当时被定罪为“胡风集团”骨干分子的王元化、罗洛等人招集到大百科上海分社来？

老汤告诉我：1955 年，王元化时任新文艺出版社副社长，罗洛还是新文艺出版社的青年编辑，就被打成“胡风分子”。当时老汤是上海市出版局的常务副局长、党组书记，是王元化和罗洛的直接领导。他们两人是在老汤的任上被抓走、被定罪的。他们一生中最精华的岁月却经历了被关押和流放。作为党的工作者，尤其是一个领导者，不仅要对党负责，更要对下面的同志负责。“胡风案”从定案到定罪都是由中央主持的，“但我是具体执行者，我也有责任。现在我主持上海分社的工作，有机会，也有能力纠正我过去工作上的错误。当一个领导是一定要有‘肩胛’的，要敢于承认错误。我们代表的是党，不是个人。我们再怎么道歉，都没有办法弥补这些同志这20年来所受的委屈”。

老汤的这番话令我记忆深刻，也让我对这位在政治上受到很多不公平对待的老同志肃然起敬。

2016年3月

本文根据严瑾口述整理

附：

《上海印刷字体字稿汇编》（1959–1991）前言

汤季宏

1959年文化部在上海召开全国印刷技术革新经验交流会，会议期间，胡愈之副部长亲自召集了部分同志座谈有关改革印刷字体问题。指出：要提高图书报刊的印制质量，首先要革新印刷字体。因为旧的字体字形陈旧杂乱，一字多形、断笔缺划的情况比较多，而且异体变体混杂使用，影响拣字、阅读和检索，建议组织力量写成字稿，刻制新字模。当时《汉字简化方案》国务院已陆续公布，新《辞海》正在加紧修订，更新印刷字体的工作已刻不容缓。在胡老推动下，上海出版界的同志积极响应。因此交流会以后，当时的上海市出版局就在系统内选调了30多位书法基础好、设计美术字有一定功力和熟悉印刷字体的刻字老工人三方人员在上海印刷技术研究所组成了一个印刷字体的设计班子，从事印刷新字体的设计工作。就这样先后用了两年多时间，设计并制成了一副字数比较齐全（开始时一万八千多字，80年代增补至六万字），排印正文用的宋体新字模，同时配齐了排印辞书词目用的黑体字，这就是现在各报刊和工具书用的“宋一体”。也是新中国成立后根据国家制定的汉字简化标准设计的第一副印刷新字体。

十年动乱，这个才设计了“宋一体”和完成了《毛泽东选集》横排本用的“宋二体”和其他七八副配套用字体之后字体设计班子就被冲散了，人员和资料都散在各处，原来计划创写的新字体包括新字形等的研究工作已无从进行。

设计和研究图书报刊出版用的印刷新字体同国家的科学文化建设直接相关，它作为传播知识积累文化的工具，每日每时要和读者见面，影响每一个人从小到老的阅读和视觉。而创写设计优美清新的印刷字体，对提高图书报刊等出版物的质量又密切相关。加上我国汉字字数多，源远流长，字形递变的情况又十分复杂，所以写一副字必须认真对待，从严掌握，精益求精，讲究实效，写成的字稿，既要符合国家规定的字形结构标准，又能用于计算机新技术和制作金属活字。

基于以上情况，“文革”后期，在拨乱反正告一段落以后，国家出版局就适时地在全国发动了印刷新字体的征稿、创写和评比工作，征集了一批形代美的新字样。在一系列的发动和倡导工作的基础上，上海印刷技术研究所又恢复了印刷字体设计室，上海市字模一厂也组成了一支字体设计队伍，加上上海市印刷八厂等为生产手动照排字模板,都相继加强了印刷新字体的设计工作。

接着国家新闻出版署又多次组织了全国少数民族文字的征稿和评选工作，为了加强全国印刷字体工作的领导，1991 年国家新闻出版署又发起成立了由中央和地方有关部门组成的“全国印刷字体工作委员会”。与此同时，国家语言文字工作委员会也开始在进行《全汉字字库》的编订工作，使设计的印刷字体全部符合国家标准和要求。从此我国的印刷字体的整理和创写工作有了一个前所未有的良好前景。

现在收录在这本汇编中的字样，是目前为止上海方面从 60 年代初以来辛勤劳作的成果，也是 30 多年来几经风雨保存下来的产物。它们是上海印刷技术研究所、上海市字模一厂和上海市印刷八厂等为我国社会主义文化建设积聚起来的共同财富，是值得向国内外使用汉字的印刷出版界推荐的。随着计算机激光照排技术的推广和普及,印刷新字体的设计和应用将更为迫切和需要。希望我们这个从事设计和研究的队伍,在改革开放的有利形势下，继续作出应有的贡献。

1992 年 10 月

创业百科 壮心不已

1978年，经历了『文革』的磨难，年过花甲的汤季宏，受命参加筹建中国大百科全书出版社上海分社。从上海分社的选址征地、规划建造，出版队伍的招兵买马、聘用选调；第一版《中国大百科全书》的工艺选用、印刷把关；印刷企业的精挑细选，搬迁建厂；职工生活的嘘寒问暖、宿舍建造，无不倾注着汤季宏的心血。他为中国大百科全书出版社上海分社培养了一支精干的人才队伍，为东方出版中心的发展打下了坚实的物质基础。离休后，他仍孜孜不倦地继续新字体的研究和开发，倾注了一生最后的力量。

我们心中的丰碑

施伟达
原中国大百科全书出版社上海分社副总编辑，
上海辞书学会副会长

我国作为有着五千年文明史的古国，长期以来却没有一部标志自身文化科技发展水平的现代综合性百科全书。这个令所有国人、尤其是文化知识界难堪多年的局面，终于在1993年金秋被彻底打破了。就在这一年，历时15个春秋，经过全国两万余名专家学者共同精心浇灌的《中国大百科全书》终于破土而出，昂首迈入世界百科全书之林。这是中国近现代文化史上的一个空前壮举。全书共74卷，1.26亿字，覆盖哲学、社会科学、文学艺术、文化教育、自然科学和工程技术等66个学科或知识领域。因而它被人们誉为中国文化史上一座巍巍的丰碑。

在这座文化丰碑的建设者中，我们永远不会忘记一个人的名字，他就是中国大百科全书出版社上海分社的主要创始人之一——汤季宏。我们是汤老当年身边的工作人员，他为中国出版事业、尤其是为中国的现代百科事业所作出的奉献，使我们无法忘怀。他那段不寻常的经历，给我们后人留下的一大笔精神财富更是弥足珍贵。

一、高瞻远瞩，超前的改革意识

1978年春夏之交，正是我国历史上重要的年头。十年浩劫，百废待兴；拨乱反正，朗朗乾坤。一个改革开放的太平盛世，正徐徐拉开历史帷幕。时已花甲之年的汤季宏，如沐春风。他来不及抚平在"文革"中遭受的伤痕，心中总想着，一个老战士还能为革命做些什么，以补回白白浪费的岁月；他心里依然有着浓浓的化不开的文化情结，以老骥伏枥、壮心不已的激情，为我国的出版事业再续辉煌。

中国大百科之"父"——姜椿芳同志早在被羁押秦城监狱时，心里就在酝酿这一世纪文化工程。当他走出囹圄，终于可以施展抱负时，首先想到的便是在战争年代相识相知的老战友——远在上海的陈虞孙和汤季宏。

就在这个不寻常的春夏，姜、陈、汤等多位中国大百科事业的重要奠基人，聚首一起，运筹帷幄，启动了中国现代百科全书事业的开创性工作。不久，汤季宏被任命为上海分社临时党组副书记，从一开始就实际担起了中国大百科全书出版社上海分社社长的责任。

汤老长期在出版界担任领导工作，他熟知当时出版社在管理

姜椿芳与大百科上海分社建社初期领导等合影。前排右起：姜椿芳、陈虞孙、刘火子；后排右二：郭云，右三：汤季宏

体制上所存在的种种弊端。当他走马上任时，就以一个战略家的远见卓识，决心不走老路，对旧体制进行大刀阔斧的改革。他提出，新建的出版社从起步开始，就不能再躺在国家身上“吃大锅饭”，而是要自己“找米下锅”。他常对我们说，由于“四人帮”破坏，国家目前经济很困难，编百科全书是花钱的事业，我们上海分社不能再给国家添麻烦。于是他大胆构想新建的上海分社实行企业化管理，不吃“皇粮”。他的想法获得了领导班子其他成员的支持，也很快受到上级部门的重视并获批准。若干年后，随着我国经济体制改革的不断深入，全国大多数出版社都逐步走

1983 年，时任中国大百科全书出版社上海分社负责人的汤季宏

上企业化管理的新路子。而早在 1978 年那个年代，汤老就有这样超前的改革意识和敢于创新的胆略与勇气，他的高瞻远瞩，着实让人佩服。

以后，为了让企业化管理走上健康发展之路，汤老采取了一系列行之有效的具体措施。首先在机构设置上强调精简，曾尝试党办、行政办和总编办三者有分有合，各有侧重，以减少行政人员的编制，充实第一线、特别是编辑队伍的力量；他还主持制订了“以书养书”的全面规划。他亲自上阵，从“租型造货”入手，针对当时图书市场的需求，印制了一批读者急需、市场效益十分明显的图书，如《新华字典》、四卷本《辞源》和翻译小说《基度山伯爵》等，自力更生为出版社初期的正常启动和运转筹集了一笔资金，打下了一定的经济基础。

初战告捷后，汤老又与总社主要领导一起，筹划创办中国大百科全书出版社副牌——知识出版社，以拓宽出书范围，增加图书品种。那时，图书出版领域刚刚从极左思潮的长期桎梏中解脱出来，“书荒”现象十分突出。十一届三中全会以后，思想解放运动也给图书出版业带来了前所未有的机遇。副牌出版社的设置，无疑更有利于我们灵活和便捷地抓住历史机遇。实践证明汤老的眼力，以后设在北京和上海两地的知识出版社，推出了一大批社会效益和经济效益都十分明显的图书，为上海分社的企业化管理提供了经济支持。他老人家经常挂在嘴边的一句话就是：“不能老依靠‘皇粮’过日子，要学会自己寻食。”

二、三易选址，用心良苦

汤季宏是个创业者，上海分社初创时期，只有一块响亮的牌子，没有一砖一瓦，更没有自己的营盘。最初到任的几位领导商量工作、研究问题都在他家里进行。就是北京总社来人，他家的那间客厅也成了会议室。研究完了工作，让家中的阿姨做几个便菜，吃完饭后，继续工作。有时为了节省开支，一到晚上，拉开简易床，客厅就成了卧室，这样既省钱，又节约时间。那些著名的领导和学者，如姜椿芳、倪海曙等，都享受过这样的待遇。

后来几经努力，分社从上海市委办公厅借到了一批办公用房，那就是位于人民广场的老大楼，作为临时的办公地点。随着队伍的壮大，人民广场老大楼的那几间办公室挤不下了，又通过关系，借到了大沽路上几间破旧不堪的民房，但这都不是长久之计。于是汤老将很大一部分精力花在为新建的上海分社选社址、批土地上，他带领办公室和基建组的一班人，不论寒暑和节假日，东奔西走。那才叫真正的白手起家！

首先选中的是湖南路兴国路地段，那里地处上海市中心地段，交通便利，且闹中取静。周边是一片很上档次的住宅区，环境幽雅，刚巧这里有一片等待改造的老公房，大家都对这块土地很满意，于是汤老就亲自动手打报告、造计划、搞预算。当年要征用一块土地，不知要涉及方方面面多少部门，一道道地闯，一道道地敲图章。为了征下这块土地，他可以说是呕心沥血，把什么劲都使上了。老上级、老战友、老部下，都请来为上海分社选址出力。他身边的工作人员为了抓紧进度，有时忙得连饭也顾不上吃。那块土地属于徐汇区管辖的范围，汤老的夫人长期在徐汇区担任一定的领导工作，他也没有让夫人闲着，不时地给她分配任务，有时晚上也要让她出门帮助疏通各个环节。

费尽九牛二虎之力，出于对我国现代百科事业的扶植和支持，1979 年初，上海市、区有关部门都原则同意了上海分社的选址报告。初战告捷，大家都为此而感到高兴。而此时，精细的汤老却高兴不起来，他花了几个夜晚，又亲自对这块土地上的居民住宅逐一进行了核算，并按照当年的动迁政策，计算出大概的动迁成本。由于这块土地地段太好，涉及的居民户数和人口太多，动迁成本很高，手中的经费难以应付巨额的动迁支出。怎么办？有人向汤老建议，中国大百科全书的出版事业是国家的重点文化工程，从中央领导到上海市委都十分支持，何不充分利用这些有利条件，要求有关部门追加拨款、增加启动资金。汤老却摇头了，他对我们说：国家正百废待兴，到处都需要钱，我们不能再伸手了。从国家的全局利益考虑，他毅然决定放弃原来的选址方案，并将自己的想法说服大家。

于是负责选址工作的几位同志在汤老的直接领导下，从头再来，着手制订第二套方案，目标主要仍然集中在徐汇区范围内。不久便选中了复兴西路武康路地块，那里有一家街道工厂的旧厂房准备搬迁，有好几亩土地，初步估计可以建造一万多平方米建筑面积的业务用房。动迁成本要比第一套方案低不少，基建投资暂定为 313 万元。徐汇区有关方面给予了大力支持。汤老让基建组的工作人员立即动手，起草报告急送北京总社和国家出版事业管理局。不知又是多少个日日夜夜，汤老的眼睛也熬红了，血压也升高了，好在一切都进行得比较顺利。

正在这时，一个新的现实问题又尖锐地摆到了汤老面前。那时，上海分社的职工队伍正在不断扩大，有些还是正在落实政策的老干部和学有专长的知识分子，其中住房困难亟待解决的不在少数。光靠有关房地产部门解决，不知何时才能排上队。那时已经开始出台单位自筹资金为住房困难职工建房的政策。时刻把别人冷暖放在心上的汤老，此时正在考虑为职工尽快解决住房困难问题。他想，要是出版社建在武康路这样的市区中心地带，再要在周围找土地为职工盖房那是不可能的。出版社的办公用房和职工住房，鱼和熊掌他要两者兼得。只能再次放弃已经浮出水面的“复兴西路武康路方案”。1979 年的 11 月，汤老再次亲自向总社和国家出版事业管理局说明情况，提出调整分社基建计划。分社选址建房最终改在长宁区古北路仙霞路，也就是我们今天东方世纪大厦周围一片楼宇的所在地。这里原来是农田和坟场，面积

位于古北路仙霞路的原海峰印刷厂大楼

1995 年，中国大百科全书出版社上海分社更名为东方出版中心

有近二十亩，加上以后的工厂用地，共征用土地合计近四十亩（已扣除市政建设和其他方面的用地）。在汤老的直接指挥下，几经奔波，东起古北路，西至芙蓉江路之间的一大块土地，终于成了上海分社及海峰印刷厂的立身之地。由于那片土地当时还在沉睡之中，征地相对容易，成本也低很多，分社的基建投资预算仅为 297 万元，为国家节省了大量资金。随着上海经济开发的迅速发展，正如汤老当年预计的那样，如今东方出版中心所在地，已经成了上海的热门地段，地价不知涨了多少倍。以后东方出版中心赶上了好时机，在房地产业上顺利运作，东方世纪大厦组楼在汤老那一代人打下的基业上拔地而起，真是前人种树，后人乘凉。

正是汤老不厌其烦地三次选址，后来又很快地在出版社附近征用到了建造职工住房的用地，为一大批职工解决了住房问题，当年在上海宣传系统中，上海分社成了令人羡慕的单位之一。为官一任，吃苦在前，心中始终装着群众的冷暖，这正是汤老那一代领导人的高尚品格。

三、一丝不苟的职业精神

汤老长期从事印刷出版工作，是一位资深的出版家。如果从他20世纪30年代末参加新文字研究会和上海新知书店的工作经历算起，他出任上海分社领导工作时，已有整整四十余年的新闻出版工作资历。其间他还当过多年的上海市出版局副局长，主管全上海的印刷出版工作。长期的工作经历，造就了他那兢兢业业、一丝不苟的职业精神，在出版界这是有口皆碑的。

例如，他在上海市出版局副局长的任上，对国家级的重点出版项目都一一亲自过问，严格把关，使上海出版界印出了一批技术要求很高的经典出版物，诸如《上海博物馆藏画》、《宝晋斋法帖》、《苏加诺总统藏画集》等。尤其是《上海博物馆藏画》一书，汤老从选画到用料，从装帧到印刷，都花费了大量心血，使成品尽善尽美，堪称精品，不仅受到国内高度好评，还获得了1959年莱比锡国际书籍艺术博览会最高奖——金奖，至今被上海印刷界引为骄傲。又如，他曾领导

《上海博物馆藏画》

和规划创制了印刷新字体。为了完成这一规划，他曾经多次成立专门机构，调集专家学者与专门人才，制定字体创写、修整的规范要求，亲自策划、参与了字体字形的论证会、研讨会。几度寒暑，几度寂寞。1963年，汤季宏和他的同事们终于创制完成了一副字形隽永秀丽的《辞海》专用新字体。用新字体排印出版的《辞海》，受到了文化各界众口一词的首肯与好评。这一贡献是默默无闻的，却是功德无量的。这一新字体，后为经典著作与各种书报刊广泛采用，受到全国各地的普遍欢迎和推广。

担负起大百科上海分社社长的实际责任后，他的这种老骥伏枥、事必躬亲、一丝不苟的精神，更是发挥得淋漓尽致。

根据当时北京总社和上海分社的具体分工，上海分社除了分担编辑《宗教》、《世界地理》、《中国地理》、《纺织》、《农业》等学科卷外，还承担了其中71卷的印刷、合成和全部74卷的出版、发行工作。在成书过程中，汤老发挥了一个老出版家的关键作用，他凭借自己丰富的出版工作经验，对大百科全书的开本、纸张、材料、封面颜色都有系统精到的见解，并多次召集全国专家进行论证。他富有远见地提出：我们今天编纂大百科全书，一定要着眼于走向世界，面向未来。他甚至心细地考虑到这套书的封面材料和全部用纸，一定不能马虎，要考虑到非洲的干燥、东南亚的潮湿、北欧的寒冷，让这套书经得起各种气候条件的考验。因为这套书，既是中国的，也是世界的。

为了达到如此严格的质量要求，他戴上老花眼镜，有时还借

1980 年 8 月，汤季宏随百科全书代表团访美，与外国同行交流

助放大镜，对所能搜集到的相关纸张、材料样品，亲自进行仔细检查和研究。他还多次带领有关工作人员，直接深入到纸厂，进行实地考察，以确保全套图书的纸张供应和质量要求。经过无数个日日夜夜，他终于解决了这个问题。

汤老日夜牵挂着中国第一部现代百科全书的印刷质量，他一心想着出版大百科全书，没有专印厂，显然很难保证一流的印制质量。汤老不想临渴掘井，而是未雨绸缪，筹划着要组建一个自己的专印厂，于是他又为建厂的事忙碌奔波起来。他不顾年事已高，亲赴安徽绩溪考察，从上海到绩溪有好几百公里，当年路况也不好，道路不平，尘土飞扬，其中还有一段山路，单程需要七

《中国大百科全书·天文学》卷第一次审稿会在苏州东山举行。前排左五为汤季宏

个多小时，年轻人对这段行程都有点望而生畏，汤老却全然不顾路途颠簸，一定要亲自前往。一次又一次，每次都搞得精疲力竭。他克服重重困难，去市政府争取政策支持，终于如愿以偿地将一个三线厂搬回了上海。

汤老视图书质量如生命。凡是稍有不合格的地方，都不惜推倒重来。《中国大百科全书》第一卷《天文学》在试印时，只要墨色有一点点不理想，他都不肯轻易放过，一次又一次地调试，直到满意为止。该书一问世，就得了一个大奖。有一次，《中国百科年鉴》上的一张示意图出了一点毛病，当他知道情况后，立即组织力量，将已开始发运的图书都逐一追回，直到改正为止。

他有时以自己独特的职业习惯，连一些细节都不肯轻易放过。如他经常用一根大头针，对准送检的图书页码，上下一刺，如果发现页码没有对准，马上将出版部门的负责人请来，具体指导怎样改进。我们常常说，在汤老面前你马虎不得，更休想偷工减料。上海分社的老职工在汤老的潜移默化、言传身教下，都慢慢地养成了这种一丝不苟的职业精神。

四、人格魅力，永远留在群众心目中

1996 年元旦刚过，汤季宏迎来了他的 80 华诞，这时他已离休在家多年，很少出门。以往他没有为自己做寿的习惯，担任领导工作这么多年，从来没有让单位搞过，哪怕是最简单的生日仪式，甚至大家连他的生日是哪一天都不知道。但是，这一年的 1 月 15 日下午，他家的客厅里却空前地热闹起来。

没有人出面精心筹划，也没有以任何组织或单位的名义，一群当年追随汤老为百科全书创业出力的职工，自发地聚集在一起，要为他们心中最尊敬的老领导祝寿。来客中除了少数几位是单位的中层干部，大多是普通的中青年职工。连已经调离上海分社多年的邓伟志也闻讯赶来了。形式十分简单，一曲生日歌，一盒生日蛋糕，一封热情洋溢的贺信，一客厅的欢声笑语，表达的却是发自肺腑、朴实无华的真情实感，捧出的是一颗颗真诚的心。好在这封祝寿信全文不长，抄录如下：

尊敬的汤老:

首先请允许我们20颗真诚的心，在您老人家80诞辰到来之际，敬祝您老人家健康长寿!

我们大多是一群受您栽培、在您鞍前马后多年的年轻人。想当初，您在筹建中国大百科全书出版社上海分社的日子里，呕心沥血，运筹帷幄，给我们留下了深刻的印象。我们永远不会忘记您在南京大学一尺厚的雪地里为大百科奔波的情景。我们亲眼看到百科大楼一瓦一砖地垒上去，您老人家的头发一根一根地白起来。上亿字的百科全书印得那么精美。年轻的中国百科事业凝聚着您老人家的心血。您公而忘私、鞠躬尽瘁的敬业精神，更是留给我们后辈无穷的精神财富。

历史的镜头向前推移，您为“毛选”的印刷立下了汗马功劳，您为我国印刷业的现代化作出了不可磨灭的贡献，在上海出版史上有您光辉的业绩。在革命战争的岁月中，您更是出生入死，屡建功勋，留下了许多富有传奇色彩的故事：您曾以自己的大智大勇调动日本侵略者的卡车为新四军运军火，《51号兵站》中的“小老大”就是以您为原型之一，您的革命风采光照后代。

尊敬的汤老:

今天在喜庆您80诞辰的日子里，我们又一睹了您

汤季宏 80 岁生日时，上海分社同事上门祝寿

的风采。看到您的身体是那么健康，您的思路还像当年那么敏捷，我们都十分高兴，您的健康，是百科人的福音，是出版界的喜讯，是革命老干部的骄傲。

尊敬的汤老：

令尊活到近百岁，想必您一定会后来居上。毛泽东这样说过："自信人生两百年。"我们衷心祝愿毛泽东的这句名言，在您身上能变成现实。祝福您在邢至康大姐的陪伴下活到 200 岁！

信的末尾是 20 位职工的亲笔签名。上海分社的普通"老百姓"，自发地要为离休多年的老领导祝寿，这种现象并不多见。

是什么原因激发了这些中青年要为汤老祝寿的热情？当年参加了这次聚会的几位职工如是说：我们是被汤老的人格魅力征服了。

汤老是一位资历很深的革命者，有着传奇色彩的一生。在20世纪三四十年代，他因从事抗日和反对国民党蒋介石的独裁统治而坐过日本鬼子的牢狱，蹲过国民党的看守所。出生入死，历经风雨。新中国成立后，他的事迹被编入电影《51号兵站》，他被誉为为革命出生入死的“小老大”。正是因为他的一颗红心，为新中国的解放事业闪出了光彩。在庆祝中国共产党建党80周年的日子里，又一部反映上海地下党斗争史实的电视剧《出生入死》，把他的传奇经历变成了活生生的历史教材，激励着无数革命的后来人。但汤老从不居功自傲，为革命鞠躬尽瘁。他是新中

东方出版中心副总编施伟达（左）与汤季宏亲切交谈

国成立后上海第一代文化出版界的领导人，但他从来都把自己看成是一个文化队伍中普通的战士。无论身处顺境或逆境，他始终是坦坦荡荡，保持着一个共产党人应有的情操与信念。

他的淡泊名利是出了名的，记得上海分社筹建时，上级领导从各方面考虑，内定他出任临时党组书记，他却一再推辞。他认为从有利于工作全局出发，由陈虞孙担任正职、他当副手更合适，他的意见最终被上级领导所接受，组成了由陈虞孙为书记、汤季宏为副书记的临时党组。在编辑出版《中国大百科全书》的过程中，他全身心地投入，他的领导才能和出版专业知识被全国出版界所公认，他对《中国大百科全书》的出版，尤其是对全书的装帧设计和印制作出的特殊贡献无人可以替代。曾任我国新闻出版署副署长的王益对汤季宏作过这样的评价：“改革开放以后，他在花甲之年，仍尽心竭力，为中国大百科全书的出版做了别人难以胜任的工作，可以毫不夸张地说，如果没有季宏同志，70 多卷的皇皇巨制，是不可能那么顺利而完满地完成的。”但《中国大百科全书》成书面世时，他却坚持不要署名。

他的公正廉洁、两袖清风的高尚品格，也深深地打动了全社职工。在他的直接主持和努力下，上海分社从一开始就把解决职工住房问题放在重要议事日程上。社内职工一批又一批地住进了新房，他却还是住在解放初期国家分配给他的老住房，也从未为子女谋过一平方米房子。在他的言传身教下，基建组的人员不辞辛劳，不计个人得失，用心血为出版社和印刷厂征得了大块土地，而从不沾沾自喜，也不贪天之功，更没有从中谋取个人的私利。在群众中曾广泛流传着汤老的一件往事：汤老在“文化大革命”中，深受“四人帮”的迫害，很长一段时间里只发给他每月100元钱的所谓生活费，他都如数交给夫人，养家糊口。粉碎“四人帮”落实政策后，根据他的行政级别（十一级），每月有200多元的工资，但是他每月还是按习惯交给家里100元钱。开始时他夫人不免产生疑惑，后来一了解，原来汤老每月都从财务室只领取100元工资，多余部分都放在行政部门老于手中。那时上海分社初创，人来客往较多，香烟茶叶和小礼品招待也是人之常情，他都让办公室人员从他的工资中开支。分社选址征地时，为了疏通关节，有时给相关人员送几本自己社里出版的书，汤老也从不利用职权从社里白拿，而是用自己的工资去买。所以那时社内职工戏称，汤老手中唯一的特权就是，职工购书有数量限制，他可以不受这种限制。

中国大百科全书出版社上海分社经历了这么多风风雨雨，汤季宏和陈虞孙等创始人早已离我们而远去，但他们留下的业绩，尤其是他们那种解放思想、团结奋进、艰苦奋斗、主动开拓的创业精神，那种廉洁奉公、克勤克俭、身先士卒、无私奉献的人格魅力，以及亲手营造的精神家园，将永远留在我们心中。他们是我们心中永恒的丰碑！

本文原载于东方出版中心2008年版《日出东方》

胸中只有读者的出版家

邓伟志 施伟达

在缅怀老领导汤季宏的日子里，我们一次又一次地打开书橱里的《中国大百科全书》。在这部《中国大百科全书》里凝聚着汤老的多少心血啊！这套书的奠基人，北有姜阎（姜椿芳、阎明复），南有陈汤（陈虞孙、汤季宏）。他们四位分工合作，结构互补，用现在的流行语言来说，叫“黄金搭档”。在印刷方面，恐怕是汤季宏作出的贡献最大。

有些书上的字看一会儿就吃力，可中国大百科全书看再多一会儿也不觉累。这是为什么？字，还不都是一样的吗？不！同样大小、同样字体的字，粗看一样，细看又不一样。大百科的字看了就觉得醒目、舒服、美观。怎么会醒目、舒服、美观的呢？这要归之于字模做得好。字模又怎么会做得这样好呢？这就要归功于汤季宏了。书上的任何一个字都是写出来的。写得好，方能刻得好；刻得好，方能浇得好；浇得好，方能印出来好看。这写，这刻，这浇，这印，每一步都倾注了汤老的心血。我们亲眼看到在汤老主持下，每一个字的每一种字体，都写出几个，几十个，然后择优制版。汉字有上万个，这就是说，要写上几十万、几百万个字啊！汤老一走进字模陈列室眼睛就发亮，因此很多人称他“字模大王”。在他接受新闻出版署奖励后，他人还在北京，就打电话到上海，通知有关人员在他回沪后就开会，对大百科的字模推陈出新。大家都为他精益求精的精神所感动。

汤老在抗日战争中，是个传奇式的人物。他能调用日本人的汽车，为共产党运军火。电影《51号兵站》中的“小老大”，汤老是原型之一。他在上海分社工作时已年逾花甲，可他人老心不老，与时共进，办事富有前瞻性。早在1980年，《中国大百科全书》出版首卷时，我们随便议论，这七八十卷往哪里放，读者怎么买得起，汤老马上笑眯眯地插话：“将来使用电脑，整套大百科只需要书本大的软盘就可以装进去了。”我们当时听了只当天方夜谭，可如今已成了现实。

汤老视野开阔。他为大百科全书选纸，要求很高。他说：“大百科各国各大图书馆都要收藏，因此这纸张既要适应寒带的寒，又要适应热带的热，既要抗沙漠之干燥，又要抗雨季之潮湿。”作为出版家，汤老心中只想着读者。我们作为读者，也一定会永远记住这位出版家。

本文原载于2002年9月13日《新民晚报》

好编辑要先从校对做起

何小颜

中国出版集团东方出版中心副编审

“要先从校对做起”，这是老汤谆谆告诫我，至今都让我难以忘怀的一句话。

老汤，就是汤季宏同志。中国大百科全书出版社上海分社自1978年筹办起，汇聚到分社来的所有成员，不管职位高低，身份悬殊，都自然而然地一律称呼我社主要创始人和负责人之一的汤季宏同志为“老汤”。像我们这些差了几十岁的小辈，见了汤季宏同志，也是“当仁不让”，直呼“老汤”，这在今天，也许很难想象。如今的世情，在同样状况下，不在姓后加个官衔或“老师”什么的，不说不敬，至少是欠缺礼貌的吧。但当年，人们都觉得，不管是与汤季宏同志日常碰面还是背后谈论，都是这么称呼“老汤”，并无不敬之意，恰恰相反，这样称呼，大家认为还带有几分亲切感呢。

我是在1979年调到地处人民广场市府大楼的中国大百科全

书出版社上海分社的，我还清晰地记得报到的那天是3月12日，一个风和日丽的好日子。那时分社还在筹办中，全体人员才到了几十个。我报到后，就被安排到了刚成立的校对科，前后陆陆续续来的校对员也就六七人。校对科的负责人就是后来我才了解的大名鼎鼎的陈佩兰同志，她是校对这一行当的专家级人才，曾参与校对《毛泽东选集》等重要书籍，也是中国校对中被首批授予高级职称的人。我们校对科的所有同仁都庆幸有这样的名师传帮带我们学习校对业务。

在工厂里从学徒到正式工整整干了七年的我，是作为工人编制对等调到分社的，因为当时校对科的科员也是工人编制。不久就全部转为干部编制，此是后话。离开工厂，来到了一个文化事业单位，虽然干的是校对，应当算是不错了，我还记得当时厂里的同事们用羡慕的眼光送别我的情景。但我到了上海分社后，内心并不安分，这是因为我当初之所以愿意进入出版社，实在是冲着当图书编辑这个志向的。否则在我看来，换单位意义并不大。

为什么呢？

这就是所谓人各有志的老话了。我是一个自小就喜欢“舞文弄墨”的人，显然这里面是受了很大的家境影响。我的父亲在我七岁时就去世了，虽然在我的成长中失去了他耳提面命的教诲，但父亲遗留下来他写的书和发表的文稿，他购藏的大量书籍，他那书香世家的“传奇”，例如，我直系的近祖中有一位曾在前清科场中获举人第一名，即解元，于是老家就建立牌坊，地名亦改为解元坊，以及家族的姻亲关系联结着许多文化和学术大家（如金石家容庚、民俗学家容肇祖、历史学家吴晗等），多与“书”有缘分，不能不承认，都对我起到了潜移默化的影响。

虽我于小学四年级时遭逢“文革”，旋即辍学，却因在家坐拥书城，依靠自学，弥补了那个特殊年代的文化“缺钙”，与同龄人相较，自感练达老成得多。曾自有小诗活画我当年的踌躇志得：“忆昔慷慨少年时，脱略风尘无束持。啸坐不觉霜月坠，歌游惟恐艳春辞。连翩绮想追云鹤，放浪豪情搅海螭！胜友高朋挥袂去，别无长物喜存诗。”（《七律·忆昔》，作于1977年2月）正是基于“腹有诗书气自华”这点儿底气，遂萌“野心”，那就是到出版社当个编辑。

记得就在调入上海分社的那年，有一天老汤把我叫到了他的办公室，问了我的生活近况以及工作情况。具体说了些什么我已回忆不起来了，但有个例外，那就是当我直言不讳提出我不想当校对，而希望直接去做编辑时，老汤对我当编辑的理想是给予理解的，但他是这样强调回答我的：“要先从校对做起！”这就是老汤在那次同我谈话中给我留下的一句至今让我难忘的话。这话语重心长，其中的道理我是过了很长的一段时间后才真正予以体味和理解的。

图书的出版，除了策划组稿、编辑加工、装帧设计、印刷发行外，很重要的一个环节就是校对。一本书的印制，如果不校对，就很可能错漏百出，闹文字笑话。在古代，校对又称校雠，是说一人读原本，一人对校样，这两个人的认真较劲，很像仇人一样，其目的就是要消灭印书的谬误。（汉·刘向《别录》：“一人读书，校其上下得谬误，为校；一人持本，一人读书，若冤家相对，为雠。”）但其实，校对工作并不仅仅是核对原稿，虽然核对原稿是其本分任务，但在很多情况下，校对还会发现原稿文字的错误或不当。而这本应是编辑的职责。事实上，校对工作和编辑工作是相辅相成的，很难彻底划分，其间并没有严格的非此即彼的界限。一个只知道忠实原稿而没有编辑意识的校对不一定是好的校对；同样，一个不懂得校对的编辑亦难称得上完美。

所以在中国，不乏这样的例子，饱学之士原是图书校对的行家里手。例如远的有唐朝大诗人、官至宰相的张九龄，近的有长期担任编辑、记者的上海著名报人冯英子，都是校对出身；而国学大师王国维、文史大家周振甫，当了多年的校对，世人更是耳熟能详。至于许多文人、作家，精于校对，那就太多了，看看大文豪鲁迅吧，在他的日记中就有大量的关于“通宵校 ×× 稿”、“校 ×× 稿讫”的记录。

老汤原是上海市出版局的老领导，对出版这一行当非常熟悉，他完全清楚校对工作对出版业的重要性和必要性，并对编辑和校对存在着互依互补这一方面的事实有着常人未逮的认识高度。

正是基于这种深刻的理解，他在 1979 年的 4 月，即我才来分社报到后的一个月，就立即派人组织了“校对培训班”，全部课程都安排在安徽绩溪的海峰印刷厂内，学期约一个月，参加者除了我们校对组外，还包括当时调入分社的所有年轻编辑，并请分社的老出版和老校对以及海峰印刷厂有经验的排版师傅当老师，给我们授课。因为在老汤看来，即使是编辑，开门第一桩事，就是必须先懂得校对工作。

今天，当我写这篇文章的时候，我翻出了我的备忘本，在1979年里，有如下记录：

6月11日

去绩溪校对《天文卷》。

7月16日

校完《天文卷》。校者六人：葛永庆，顾国庆，我，张小平，李昕，吴梅芬。

需要说明的是，记录中的《天文卷》是指我社后来出版的《中国大百科全书》首卷《天文学》卷。这里记述的只是该卷在海峰印刷厂排印的征求意见稿。在该卷一年后真正付梓之前，其间又不知经历了多少作者的修改、编辑的审订和校对科同仁们的校次呢。我在此引用这个记录，是想告诉读者，里面提到的一人顾国庆，其实他并不是校对员，而是编辑。那他为何被我记为“校者”呢？说来也有趣，其答案竟是因为我们当时校对人手不够，请了作为

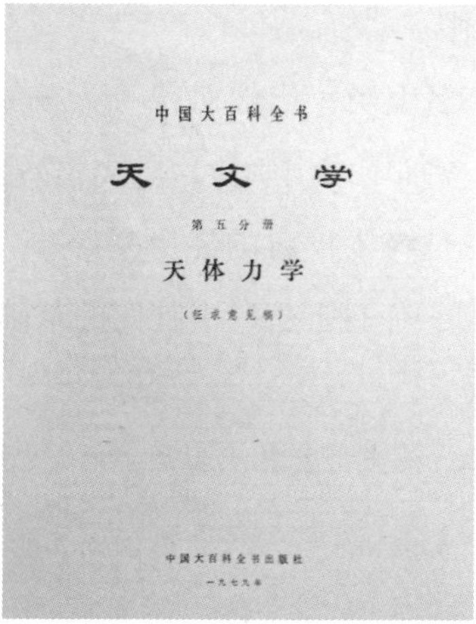

中国大百科全书

天 文 学

第五分册

天体力学

（征求意见稿）

中国大百科全书出版社

一九七九年

1979 年在海峰印刷厂排印的《中国大百科全书·天文学》卷的征求意见稿

编辑的顾君权充校对，助我们一阵。而顾君能够担当此任，端赖他作为年轻编辑，此前参加了“校对培训班”，这个校对业务速成班，当真是帮了工作的大忙。顺便交代一句，顾君 1985 年考取了复旦物理系博士生，后任上海理工大学系统科学与系统工程学院院长、计算机工程学院院长等职，获得过“机电部有突出贡献专家”的称号以及多项国家和市科技进步的奖项。

老汤在他的任内，还促成了一项制度，就是新分配来的大学生，先要到校对科实习一段时间，实习结束，才调入编辑部担任编辑。

“要先从校对做起！”这既是老汤对我个人的告诫和教诲，看来也是老汤对全社年轻编辑的要求。我想，这可以称得上是老汤的一个领导特色吧。

我后来当了一名编辑，仍然对曾身为校对的一员而深感荣幸。这不仅是缘于参加图书出版业这一文化盛事，我是从当校对员起步的，而且更是缘于校对的经历与经验，可以毫不夸张地说，给我后来的编辑工作打下了一个扎实的基础，至今受益匪浅！

本文原载于东方出版中心 30 周年纪念文集《饮水思源》

为确保百科质量百里迁厂

宋晓鸿

原海峰印刷厂党委书记，东方出版中心办公室主任

我是参加1970年上海海峰印刷厂建厂的老职工，经历了上海海峰印刷厂归口中国大百科全书出版社上海分社领导的全过程。

1970年代末，汤季宏同志为什么要选择一家印刷厂来印制中国大百科全书？汤老是上海出版界有声望的老领导，十分熟悉并时刻关注业界的动态。根据中国大百科全书出版总社、分社的业务分工定位，分社承担首版中国大百科全书的出版发行工作及部分卷的编辑工作。为了尽早完成这一艰巨任务，汤老急需在上海找一家独立建制、中小型规模，具有排版、铅印、胶印、装订工艺的全能型印刷厂，能够不受外界干扰，集中生产能力，按时保质保量完成中国大百科全书印刷任务，最终将该厂建成中国大百科全书专印厂，这是汤老要找厂的初衷。汤老对选择印厂有明确的标准：工厂的领导班子要强有力；工厂的干部队伍、技术工人素质要高；工厂的生产设备要符合印刷全书的要求；工厂生产

1980 年代初，汤季宏、朱文尧、草婴（前排右二起）等摄于安徽海峰印刷厂

的产品质量要在上海、全国书刊印刷行业“站得住脚”。

1970 年代末时，上海海峰印刷厂是上海小三线 81 家单位之一，与其他军工生产厂家毫无联系，地处皖南山区，距离上海近 400 公里。当时在皖南小三线建印刷厂主要是考虑在战争环境下能印刷毛主席著作、画像等政治读物。该厂于 1970 年开始筹建，当年投产。工厂规模不大，“小而全”，具有铅字排版、铅版印刷、胶印制版、胶版印刷和装订（平装、精装）生产能力。建厂时的骨干（干部、工人）主要从上海红卫印刷厂和上海市印刷技术专科学校经政审后抽调。而工厂当时的主要领导朱文尧同志（工厂党委书记）早在新中国成立之前就在新四军根据地印刷厂任领导，全国解放后任上海市印刷技术研究所所长，是汤老的老熟人、老部下。海峰印刷厂在粉碎“四人帮”反党集团后印刷的《毛泽东选集》（第五卷）等书籍曾荣获上海市及全国第五届书刊印刷优质奖。1970年代末，随着社会政治环境变化，该厂印刷任务骤降，生产任务“吃不饱”而面临“找米下锅”的局面，急需在社会上寻觅到相对稳定的生产任务。

历史创造了机遇。年逾六旬的汤老凭着职业的敏感及高度的革命事业心，慧眼识珠找到了朱文尧同志及上海海峰印刷厂。为了更加深入了解工厂的实际状况，掌握第一手资料，汤老不顾年迈体弱，风尘仆仆驱车数百公里多次亲临地处皖南山区的工厂实地考察。其间他亲自主持召开全厂职工大会，亲自作报告。从历史上的《四库全书》、《永乐大典》到《辞海》；从《大不列颠

坐落于安徽绩溪的海峰印刷厂

百科全书》到当今世界百科全书的发展走势，侃侃而谈几小时，内容丰富生动，不乏幽默，会场鸦雀无声，报告结束时全场职工掌声雷动。汤老多次在工厂召开小型座谈会听取干部职工意见和建议，并亲临生产车间视察。当时工厂的干部、工人对汤老的考察反响强烈，深深敬佩汤老这位老一辈革命家的革命事业心，同时也被汤老的人格魅力所打动。考察期间，汤老也感受到工厂干部和工人对印刷中国大百科全书的热切盼望和殷切期待。当时汤老对工厂“三整齐”颇为满意。“三整齐”即工厂领导班子（党、政、工、青、妇）配置及人员素质整齐，这是组织基础。工厂的生产生活环境及技术工人队伍整齐，这是物质条件。工厂的生产工艺整齐，这是技术条件。汤老经深思熟虑下决心向上级打报告，经总社及上海市委宣传部批准，1979 年初将上海海峰印刷厂划归中国大百科全书出版社上海分社领导。在工厂划归分社领导的第二年（1980 年 12 月），中国第一部大百科全书《天文学》卷终于在上海海峰印刷厂印制完成。而《中国大百科全书》（74 卷）于 1995 年在上海海峰印刷厂印制完成并荣获国家图书奖。虽然海峰印刷厂其后几易隶属领导关系，最后成为东方出版中心组建单位之一，这一切都是和汤老当年的英明决策、历史性选择分不开的。可以这么说：汤老当年的选择改变了我们这一代的人生。海峰厂的干部工人至今仍深深怀念汤老！

2015 年 11 月

高山仰止 后辈楷模

『汤叔叔』在很多后辈的眼中是个温润如玉的长辈，脸上总是带着谦和的微笑，轻言少语。他很少谈起风云叱咤的过去，对在『十年动乱』中所经历的磨难和羞辱更是绝口不提。他的家曾经是一些『文革』时期『落难』小辈的避风港、高考学生的『复习教室』。他离休后最喜欢看到的，就是这些叫他『汤叔叔』的年轻人。

但使情亲千里近

——忆汤季宏叔叔和我父亲徐雪寒的友谊

徐乐

著名马克思主义经济学家、编辑出版家，
原中央对外贸易部副部长徐雪寒之女

我从小就认识汤季宏叔叔，知道他和我父亲是好朋友。记得当年父亲曾有意把我小姨介绍给他，因小姨当时心中已有人而作罢。从这事可见父亲对汤叔叔的为人和人品是非常肯定的。

1952 年秋，我父亲调北京中央外贸部工作，全家于 1953 年 1 月迁至北京，汤叔叔一直在上海工作。1955 年 4 月父亲因潘（汉年）杨（帆）案失去人身自由，1965 年假释出狱，怕连累别人，他不主动和任何朋友来往，直到 1981 年最高法院才撤销对他的判决，所以几十年来父亲和汤叔叔真正见面的机会很少，但还是非常关注彼此的消息。“文革”后期，汤叔叔的大女儿峥峥在北京首钢医院工作，常到我们在纳福胡同的小平房看望我母亲。曾听我母亲说过，父亲 1965 年被判为叛徒、特务后，汤叔叔就和别人讲“徐大哥是叛徒、特务？杀了我头，我也不信！”“文化大革命”中这话成为汤叔叔的一条罪状。面对造反派的批斗，汤叔叔只是重复“我不明白，我不了解”。

我于1958年离家上大学后，再也没在北京长住。改革开放后近30年的时间也是在美国工作和生活。回忆起来，成年后只见过汤叔叔一次。大约是1999年，当时母亲已去世，趁回国探望父亲的机会我和我爱人启一去了上海。我们也去汤叔叔家拜访他和邢至康阿姨。当时汤叔叔身体羸弱，手术后身上挂了个塑料袋存尿。见面后汤叔叔一直表示他非常怀念和我父亲一起工作的日子，想在有生之年能到北京再见见“徐大哥”。邢阿姨一直安慰他，答应等他身体好一点，陪他去北京。我们怕影响他休息，没有长待就告辞了。

倒是启一和汤叔叔见过多次。记得那是1976年秋，当时我和启一都是大学老师，学校已复课，电子专业的工农兵学员和教师一起搞彩色显像管会战。学校执行开门办学的方针，有一组学生在上海的工厂劳动，启一去那里给学生及工厂的工人和技术人员讲彩色显像管原理、工艺和有关电子光学的知识。去时“四人帮”还掌权，火车南下过了长江，就看见铁路边上有坦克，气氛很紧张。他在位于淮海中路的旅馆住下后，即去汤叔叔家。那年代不兴电话预约之类的，敲开汤家门，他自报身份后（之前他未见过汤叔叔和邢阿姨），受到他们的热情接待。汤叔叔和邢阿姨一定要留他吃饭，饭菜很丰盛。汤叔叔告诉他“我和你父亲（岳父）就像亲兄弟一样，你在这里绝不要客气，要像在自己家一样”。谈话中汤叔叔对我爱人详细讲述了1941年父亲与他等

1993 年，汤季宏、邢至康夫妇赴北京看望老领导徐雪寒（中）和老朋友艾中全（右）

人如何建立了和苏北、山东及浙东根据地之间的海上运输线，从上海给根据地送书、医疗用品，甚至军用物资，什么都送，只要是根据地需要的，不管风险多大，他们都想尽办法送过去。1943年后，父亲奉命去苏北根据地做情报部长潘汉年的副手。潘坐镇于根据地，需要往沦陷（日伪）区跑时就由我父亲出面。父亲到上海后常常就挤在汤叔叔等人住的亭子间里打地铺。汤叔叔对启一说："你父亲怎么可能是叛徒、特务？他要是叛徒、特务，我们这群人早完蛋了，还能活到今天？"启一在上海的一个多月内去了汤叔叔家多次。他们谈得最多的是当时的时局。要知道当时真是山雨欲来、黑云压城的时候，不是特别信任的人之间可不敢

1979 年，徐雪寒与夫人朱光曦（前排右三、右四）来上海，与当年在上海从事地下工作的老部下汤季宏（前排右二）、陆明（前排右一）、金源明（前排右五）、陈耀祖（后排左三）、余瑾（后排左六）等相聚

议论时局，那会遭来杀身之祸的。他们从老百姓自发沿十里长街默送周恩来的灵车到“四五事件”谈起，一致认为当时的局面不可能长期维持，很快会有变。果然不久，“四人帮”就倒台了，启一最先就是从汤叔叔家知道这消息的。在欢庆“四人帮”倒台的同时，汤叔叔、邢阿姨和启一既谈到“白卷英雄”的年代很快会变，孩子们一定要好好念书，也谈到了如何为申诉解决我父亲的问题而努力。要知道，当时汤叔叔自己也还没有被完全平反。启一临离开上海前，汤叔叔托他给我父亲带话“没有的事情，总归是没有的”。父亲和汤叔叔新中国成立后就没有再在一起工作，父亲 1950 年代后受牢狱之灾，音讯渺茫 20 多年。但是汤叔叔和

父亲在解放前领导的许多同志一样，从来就没有动摇过对我父亲的信任。

2016年是汤叔叔诞辰100周年，谨以此短文纪念汤叔叔。愿在天堂的汤叔叔过得好，与同在天堂的我父母常相聚。

2015年4月于美国北卡罗来纳州

感念一位“老派共产党人”

沈建林

中国出版协会副秘书长

汤季宏是我的岳父，他是出版界受人尊敬的老前辈，也是一位和蔼可亲、睿智坚定的长者。我和他老人家因长期分住京、沪两地，在他生前相处时间不多，加上我俩个性都很内向，少言寡语，交流很少。所以，在他百年诞辰之时，我只能从自己工作的接触和作为老三联后人的身份，与大家分享点滴感受。

（一）

我在中国出版协会工作多年，多次听到出版系统的各级领导对岳父生前工作的好评，特别是他为创建大百科出版社上海分社和出版《中国大百科全书》的业绩，已成为一段佳话。我的老领导、中国版协原主席、新闻出版署老署长宋木文在《思念与思考》一书中，曾对此有所回忆和评价。当年在上海建立由署管辖的中

汤季宏夫妇与沈建林父母，也是汤季宏在新知书店的老战友沈静芷（后左）、戴琇虹（前右）及沈建林儿子安安合影

国大百科全书出版社上海分社时，初创时期条件十分艰苦，上海分社除负责纺织、宗教等几个学科卷的编辑工作外，还要承担整套百科全书的印刷和发行业务。宋木文作为时任署长认为：“上海分社在最后关头，确也一如既往地出色完成了各项任务，保证了全书的印制和发行。”这里我特别注意到宋署长的用词。一是“在最后关头”，说明时间非常紧迫，而岳父他们是“冲刺”闯过来的；二是“一如既往”，说明他不是第一次这样拼搏了；三是“出色”，说明各项任务完成的工期和质量都达到了高标准。所以，宋署长才有了这样一个结论：上海分社的“历史贡献必将

写入中国百科全书出版史中”。

岳父当时是上海分社的主要负责人，中国大百科全书出版社老社长常萍曾对社里的老同事说：“解放后，我在上海市委宣传部当干部处长时，就知道季宏同志在长期的革命工作中作出过特殊的贡献；在上海分社的建设中，从征地到建设，季宏同志居功至伟，这是总社同志永远不会忘记的。”我知道，“居功至伟”四个字，过去和现在都不是随便可以用的，常萍老社长写下它，笔力千钧，笔下有情。

我陆续看过原上海分社一些老同志的回忆，他们都认为，我岳父对我国的百科全书事业“可谓尽心竭力”。不少人谈及出版社创业之初，他为组建一支能干实事、能打硬仗的队伍，怎样求贤若渴，只要用得上的人才，无论天南海北，他都会千方百计地去请来。他的热心和诚心感动了一些人，吸引了更多人，在粉碎“四人帮”后拨乱反正的那段日子里，形成了一股强大的凝聚力。于是，一支有专业技术和事业心的编辑出版队伍，迅速聚集到百科全书的旗下。

光有人不行，出版社还要有办公的立足之地。岳父不辞劳苦地冒着寒暑，穿着胶鞋，踩着泥泞，找地皮；然后又锲而不舍地跑批件，筹资金；同时千方百计运筹帷幄，精心筹划，带领大家在一片农田坟地上建起了大百科上海分社最初的家园。可以说，正是当初他呕心沥血奠定的这些基础，才有今天巍巍耸立的“东方世纪大厦”。

当年，中国大百科全书出版社上海分社除了分担编辑《天文学》、《宗教》、《农业》、《中国文学》、《世界地理》、《中国地理》、《纺织》等学科卷外，还承担了70多卷百科全书的合成、印刷、出版、发行工作。岳父废寝忘食地投入中国第一套现代百科全书的一系列战略战术的决策和运筹之中，从装帧设计，直到材料运用、印制工艺、发行渠道，都要亲自过问关照。在他的主持下，这项有着划时代意义的文化工程得以全面顺利展开。在即将开印的日子里，岳父特别牵挂如何保证全书的印刷质量。他不顾年事已高，亲赴皖南，克服重重困难，实地考察，把一家从上海内迁到山区的印刷厂整体搬回了上海，在一批老技工的带动下，保证了一流的印制水平。

经过15年的艰苦奋斗，74卷的《中国大百科全书》终于在全国人民的期盼中全部出齐了。作为奠基人之一，汤季宏的名字将铭刻在这座丰碑上。原上海分社老同志邓伟志、施伟达在一篇《胸中只有读者的出版家——缅怀汤季宏同志》的文章中写到："在缅怀老领导汤季宏的日子里，我们一次又一次地打开书柜里的《中国大百科全书》。在这部《中国大百科全书》里凝聚着汤老的多少心血啊！这套书的奠基人，北有姜阎（姜椿芳、阎明复），南有陈汤（陈虞孙、汤季宏）。他们四位分工合作，结构互补，用现在的流行语言来说叫'黄金搭档'。在印刷方面，恐怕是汤季宏作出的贡献最大。"

说到这里，我不由想到了岳父的老领导也是战友挚交的徐雪

1981 年，汤季宏在北京与“三联书店”老同志合影。站者左六：汤季宏，左八：徐雪寒，左九：沈静芷，左十：沈粹缜（韬奋夫人）

寒伯伯——一位革命八十载、蒙冤入狱二十余载的老革命家。用著名经济学家吴敬琏的话说，他是一位“老派共产党人”。在徐雪寒伯伯百年诞辰纪念会上，吴敬琏动情地说：“现在虽然共产党成了执政党，已经掌了权，但是这些‘老派共产党’仍然坚持他们年轻时参加革命追求真理的理想和抱负，并为之而奋斗。”徐雪寒伯伯是这样的人，我认为岳父汤季宏也是这样的人。他们都属于老派共产党中矢志不渝的群体。中国版协顾问、原国家出版局副局长王益前辈在《痛悼汤季宏同志》一文中，曾回顾岳父的经历，说了一番这样的话：“季宏同志的一生，是革命的一生。抗战时期，他在上海做地下工作，把大量革命书刊、印刷器材和人员输送到苏北、山东、浙东等抗日民主根据地。” 他是“一个脚踏实地、埋头干事的人。不善言辞，才华不外露，按上海人的话说是‘没有卖相的人’。我们现在报纸书刊普遍采用的汉字印刷字体，是在他领导下整理和创写成功的。《中国大百科全书》74 卷，是他在上海组织排印出版的。这些功绩，鲜为人知”。有功绩，却鲜为人知。一心为的是造福于人民大众，这就是“老派共产党人”的做派！王益前辈与我岳父是了解至深的老战友，他们都是老三联人。我相信他对岳父个性的描绘和工作的评价是准确的。

（二）

从 1930 年代起，老三联这代人就投身解放劳苦大众、追求民主自由的革命，一生坎坷，荣辱不惊，淡泊名利，无怨无悔，毕生奋斗。他们之间的战友情也感人至深，岳父对此很是珍惜，有一段历史细节让人难忘。

近年轰动海峡两岸的中共隐蔽战线的朱枫烈士，曾是与岳父汤季宏在新知书店共过事的老大姐。北京三联书店出版的《朱枫传》，用较大篇幅记录了他们共同的战斗经历和贡献。抗战后期，新知书店的工作从文化出版扩展到了贸易、运输各个领域。在新知书店主要创始人、首任总经理徐雪寒领导下，岳父汤季宏负责的新知办事处也成了党组织联系上海与苏北、浙东和山东根据地，乃至香港和海外的一个重要秘密联络点。同时，由岳父主持，建立起了相应的秘密转运站和海上运输线。短短几年，大批革命图书和各种军需物资，从上海车站、码头、港口以及长江和沿海水域，穿过日伪严密把守的封锁线，进入敌人后方，有力地支援了新四军、八路军和抗日民主政府。细读《朱枫传》中“沪上春秋”这章文字，读者可以发现，徐雪寒的左膀右臂，正是朱枫和汤季宏。朱枫主要负责组织货源和资金，汤季宏则负责将物资运输出去。他们俩之间的默契协作，一定有不少传奇故事。遗憾的是，朱枫阿姨1950年已在台湾牺牲，而我岳父生前从不对人讲此事。当传记作者2003年在上海找到我岳父家时，岳父已去世了。所以，当时的细节至今无人知晓。不过，徐雪寒伯伯留下了一小段珍贵文字，讲的是1947年冬天发生的事。他是这样写的：“上海的秘密运输机构负责人汤季宏被捕，由于他伪装成商人，应付得法，被保释出来了。我有理由怀疑，释放可能是假的，目的在于找到我们的其他线索。我又知道汤的运输机构有船只被敌人扣押，部分同志被捕，因担心汤冒险去处理这些后事（会出乱子）以及他的处境，我决定亲自去上海处理。我在找到汤后，要朱枫负责办妥一切手续，送汤上了去香港的轮船，朱枫圆满地完成了任务。

最近，我同汤核实了一件小事，朱枫送汤上轮船时，买的票是船面统舱席子铺，海风一吹，汤感到寒冷，抖缩不已。朱枫当机立断，到女厕所脱下自己的厚毛衣，让汤穿上，她对同志就是这样恳切真挚。”

徐伯伯的核实，是写在1990年左右，正是岳父忙于大百科上海分社事业的时期，他没有为朱枫的纪念文集写文章，也没有出席在北京召开的朱枫烈士牺牲40周年纪念座谈会。1995年，在朱枫的家乡浙江镇海建立的朱枫烈士纪念楼中，展出了许多烈士的遗物和史料。《朱枫传》的作者冯亦同先生写道："在所有陈列品中，最'物轻情重'的要数'新知'老战友汤季宏送来的那件早已穿旧的驼色毛线衣了。"那正是岳父出狱去香港上船前，朱枫从身上脱下给我岳父御寒的那件毛衣，岳父竟将这件毛衣保存了40多年！这个细节曾感动过很多老三联人和他们的后代。岳父对这份战友情的珍惜，对他心中朱枫大姐的敬重，以及对这位新知烈士的怀念……一切尽在不言中！

我曾于2011年和2014年两度到台湾，在朱枫阿姨牺牲地台北马场町去祭拜这位可敬可亲的前辈，带去了岳父并包括我家两代人对她深深的敬意和缅怀。

（三）

岳父生前务实低调，完成了几件在出版界有基础性和开创性的大项目，却从不愿宣传声张，以至后辈很难从档案资料中查找到有关他的事迹。这次在征集纪念册文章、查找资料的过程中，我曾反复阅读"三联"店史和有关友人的文集、回忆录，并多次到原新闻出版总署和中国大百科全书出版社联系、查找，但是都没有发现多少有关他工作的具体资料，很是失望。熟悉他的老人大多离世了，既便有人健在，也少有人能谈出一二，因为岳父从不在友人面前说自己干了什么，更不会讲他的业绩，甚至在当年不同意把自己的名字印在《大百科全书》上！所以，在这种难以收集有关资料的情况下，我们后人只有从他的精神中体会他对事业的追求了。

面对父辈的精神和追求，我们肃然起敬。今天，父辈的时代和经历虽然都已成为历史，但是，他们所留下的“老派共产党人”的精神，永远值得我们感怀和纪念。我想，在未来的岁月里，当我们国家出版及百科事业取得新的发展成果时，也许会收到岳父和 “老派共产党人”等父辈们来自天堂的祝贺……

2016 年 3 月

以书结友，相知一生

林新婴

原中共北京市委第一书记林乎加之女

我父亲林乎加和汤季宏叔叔相识于1936年，那时他们都在青岛的一个教会学校——崇德中学读书。

在这之前我父亲曾在丹东的一家货栈做学徒。“九一八”事件后日本人侵占了丹东，货栈的生意不好，老板遣散了三分之一的员工，我父亲回到山东长岛老家。由于目睹了日本法西斯的暴行，有了当亡国奴的切身体会，他觉得不能在家待下去了，想要出去寻找出路。他在青岛考入崇德中学后与汤叔叔住在一个宿舍，并且还是上下铺。受进步思潮的影响，他们常常一起逛书店，一起讨论时局，把能够找到的鲁迅先生的书和文章都读了，还彼此交换进步期刊。当时青岛的“荒岛书屋”是他们经常去的地方，大概有六七个人组成了一个读书、议事、寻找出路的圈子。在这个小团体中，大家互相交流、互相影响，对一些国家大事逐渐形成了较成熟的想法。

1936年西安事变后，开始了国共合作，掀起了抗战高潮。1937年初放寒假后我父亲就离开了崇德中学，1937年的6月在山东济宁参加了梁漱溟办的乡农学校。因为这个学校的宗旨是“自卫、自尊、自治”，培养抗战人才。我父亲就是在这个学校中接触了共产党，参加了共产党的组织“民主先锋队”。虽然我父亲和汤季宏叔叔在一起的时间仅仅几个月，但由此开始了他们长达半个多世纪的深厚友谊。

七七卢沟桥事变后，全面抗战爆发，汤叔叔随全家回到了上海。那时的大上海，中西文化交汇的地方，各种思潮活跃，报刊杂志众多，汤叔叔每个星期都把上海有关抗战的刊物寄到济宁给我父亲。每个星期啊！这样的事就是放到今天也是个壮举！

我父亲收到刊物后自己看了又传给别人看，尽可能地扩大影响。由于我父亲的信息来源多，加上自己的思考和分析，说起话来就很有影响力，大家都很喜欢听他说话。他说，那时我就是靠着这些信息，在农村做农民的宣传工作，在部队做战士的宣传工作。几十年后，我父亲在回忆这段经历时感慨地说，汤季宏帮了大忙啊！

1939年1月，我父亲接受组织委托离开胶东区党委去香港买武器，从青岛坐船到上海，再转道去香港。到上海后住在法租界的丽泰昌货栈的客房里。当时上海群众的抗日情绪很高，我父亲应《译报》刊物的约稿，写了一篇反映胶东地区抗日的通讯。我父亲听说汤叔叔那时也住在法租界，就到处去找，但很遗憾没有联系上。

这一别直到1950年全国解放后两人才在上海见面。汤叔叔一直在上海做地下工作，为新四军运送物资和药品，他的工作充满了惊险与危险。可以想象两人见面有多么高兴！历尽国土沦丧、奋起抗战、生死离别后的重逢，那种喜悦和幸福可能我们这一代人很难真正体会。我父亲送了汤叔叔一块缴获的劳莱士表，汤叔叔送了我父亲一支派克金笔。从此，我们两家保持了数十年的密切来往。

1964年我父亲从浙江调到北京工作，离开前专门到上海找汤叔叔帮忙在上海旧书店买了一大批旧图书，包括世界名著和些线装书籍。这些书装了好几个大木箱，“文革”中成了我们及其伙伴们的精神食粮和思想启蒙的来源。

有一件趣事。解放初期，有一次汤叔叔到杭州住在西湖旁边的大华饭店，他跟我父亲说他想吃“腌笃鲜”。我父亲是山东人，不知道这是什么东西，但自从那次吃了以后，“腌笃鲜”也成了我们家饭桌上常吃的菜。“文革”中，汤叔叔一家被逼搬出他们在淮海路上的房子住到重庆南路一个很小的公寓。1970年，我妈妈从“牛棚”里放出来回北京，在上海汤叔叔家这个小公寓里又吃到了正宗的“腌笃鲜”。在那个物资匮乏的年代，在汤叔叔和邢阿姨工资冻结收入很少的情况下，这顿饭所包含的情感实在是难以言表。我妈妈以后经常提到这顿好吃的“腌笃鲜”。

汤叔叔在我们后代的眼中是个温润如玉的长辈，脸上总是带着谦和的微笑，少言细语。“文革”中，汤叔叔受到很大冲击。因为地下工作的复杂性，他被造反派污蔑为叛徒，并且在很长时间里没有得到纠正，就是在“文革”结束后的一段时间里也没有彻底平反。他承受了如此巨大的精神压力，但他仍然那么平和，那么坦荡，丝毫看不出任何抱怨和哀愁。可以想象，汤叔叔的内心是多么地强大和坚韧！

“文革”后期，我父亲“解放”了，他用补发的工资又买了一批旧书，但有一部分书残缺得很厉害。曾经有一段时间汤叔叔住在我们家，他提出由他来修补残损的部分。那是一个非常繁复

1978 年，汤季宏（中）、林乎加（右）与同是青岛崇德中学的好友曲文（时任苏州市委书记）在苏州

1995年，汤季宏、邢至康夫妇去北京探望老友林乎加（右）

精细的工作。首先要把撕破的书页用白纸无缝地对接在一起，然后用蝇头小楷把缺损的字填补上，最后还要用重物把书压平。这项工作在我看来简直就是一个不可能完成的任务，但当汤叔叔把修补好的书拿给我们看时，那才叫惊艳四座！修补过的书就像是一件工艺品，处处妥帖完美。汤叔叔说，古籍修补是一门技术和手艺，过去线装书修补都是有师傅传承的。他曾经是上海市出版局的副局长，由于工作的原因对此了解了一些，没想到还有机会用上了。后来，汤叔叔又带了一些书回上海去修补，修补好后托人带到北京。我们家至今应该还保留着他的这些作品。

我现在回想起来，汤叔叔对修补旧书就像是修禅，心无旁骛，专注一处，物我两忘，这是一种很难达到的精神境界，也只有做到这一点，才能把事情做得如此完美。

我父亲和汤叔叔的友谊和情感从他们的青少年时期就开始，一直延续了数十年，从未因战乱、离别、政治因素而断裂。因为他们是有共同信仰的同志，更因为他们都是具有悲悯天下情怀的兄弟。

2015 年 12 月

仰视

倪初万

著名语言学家、出版家倪海曙长子，字体设计家

记得在 2000 年左右，获悉汤伯伯因脑血管出了问题，住进医院治疗，我和弟弟便从北京赶赴上海，专程到华东医院探望汤伯伯。一进病房的情景，却把在场的所有人都惊呆了。当时，我弟弟先走到床边，只见汤伯伯强撑着从病床上坐起，满是沧桑的脸上百感交集，热泪喷涌。他一边用手指着弟弟，一边用尽气力连声喊着："倪伯伯啊，倪伯伯啊……"过了许久，待汤伯伯激动的情绪稍事平复，我才反应过来，原来弟弟的相貌与我父亲年轻时的模样十分相像。病中的汤伯伯看到我弟弟迎面走来，仿佛时空错逆，恍若老友重逢。这般震撼场面，足以让人感受到父亲在汤伯伯心中始终存在（此时，我的父亲倪海曙已辞世十年有余了）。

说到我们的父辈汤、倪（简称）二人的友谊，可以追溯到 20 世纪 30 年代末。当时的中国正处在民族危亡之际，两个热血

青年不约而同，同时参加了上海文化界救亡协会领导下的新文字研究会。志在借助新文字的手段，加快解决中国遍地文盲的窘境，提升民族的整体软实力，抵抗外敌的欺辱。在一同工作中，两个人很谈得来，关系逐渐好到差不多可以穿同一条裤子，就是现在人们常说的那种“铁哥们”！那时，汤伯伯因患肺病，需要定期去医院打针，但他总是不大肯去，这可把我父亲急坏了。于是，每逢打针日，父亲就干脆“闯入”汤家，二话不说，揪住汤伯伯的衣领，用“很残暴”的方式，把他拉到医院去打针。数十年后，父亲还在回忆中戏称：“文的不行来武的，就像老鹰抓小鸡！”

在旁人眼里，汤、倪这对亲密挚友看上去其实并不“般配”，汤伯伯外形偏瘦小，父亲则高大且肥胖。两人性格迥异，前者性情内敛，后者外向奔放，当年，上海的电影院里正在放映美国的

好莱坞喜剧演员劳莱与哈代

倪海曙（左）与汤季宏摄于 1978 年

默片系列喜剧。主演劳莱与哈代是世界戏剧电影史上最出名的二人组合，也是好莱坞颇负声望的喜剧演员。正是他们的喜剧，给处在战争压抑环境中的苦难民众带来一只开心果。汤家奶奶看过电影之后，再看看身边这对整天如影相伴的兄弟，笑嘻嘻地说“这两个人就像劳莱与哈代”。此话一出，迅速在汤、倪的朋友圈中传开，大家一致认同，并成为长久的笑谈。

汤、倪之间的深厚情谊一直持续了50年，在跌宕起伏的人生岁月中，他们有着共同的价值观，始终珍重彼此，心系对方，这里要提三件事：

1944年10月，汤伯伯领导的地下运输机关，由于叛徒出卖遭受破坏，父亲受到牵连，汤、倪二人先后被日本宪兵队拘捕。后来有一次在陪父亲散步时，他曾提到几十年前的这段经历：入狱后一次提审，在押往审讯室的监狱通道里，迎面撞见刚刚被审讯完的汤伯伯走过来，两人之间有过一秒钟的对视。父亲说，我永远不会忘记汤伯伯那瞬间的眼神。一种发自内心的坚定、信任和鼓励，更像是千言万语的结晶体。在当时那个时间节点上，汤、倪二人中，如果出了一个软骨头，就会殃及对方的性命。通过这段经历，将汤、倪二人称作生死患难的兄弟也是一点都不为过的。

第二件事发生在“文革”中，汤、倪二人在这场浩劫中遭受重创。汤伯伯被打成“叛徒”、“走资本主义路线的当权派”；我父亲被定为“现行反革命”、“资产阶级反动学术权威”。性质同属敌我矛盾，十年间他们的身心受到无情的摧残，到了

倪海曙（右）与汤季宏摄于 1973 年上海

1973 年，更是雪上加霜，汤伯伯颈部长了一个肿瘤。消息传来，正处在人生中情绪最低落时期的父亲，精神几乎崩溃了，他暴哭了一场，心脏病也频繁发作，差不多每天都在和我孃孃谈论汤伯伯的病情。因为身处北京，出行也被限制，就设法和上海的老同学朱大成医生取得联系，以便确诊肿瘤的性质。那段时间，由于我年龄尚小，每天目睹父亲非常态的言行举止，就觉得出了很大的事情，好像天就要塌下来似的。后来，经过保守治疗，汤伯伯颈部的肿块渐渐消失，终于化险为夷，父亲的心情才慢慢恢复过来。以我个人的感受，父亲对汤伯伯安危的紧张程度，甚至超越了一般层面的亲情关系。

第三件事是1987年11月，父亲感觉胃部不适，去医院查体，做了胃部肿块活检。记得那天下午，我和弟弟去协和医院取化验结果，父亲被确诊为“贲门癌晚期”！当时我们只有二十几岁，心理承受能力很低。我俩拿着这张不可逆的检验单不敢回家，在故宫的护城河边待了几个小时。第二天一早，我骑车赶往位于西单的电报大楼，情急之下，自作主张，给汤伯伯发出了求救电报，电文中除了简单陈述父亲的病情，最后四个字就是“救救我爸”！没过两天，70岁的汤伯伯和盛天民阿姨、朱大成医生不顾严寒，一同来到北京。接下来马不停蹄忙碌几天，联系专家、重新检查、安排手术。过程中，我一直紧随在汤伯伯身边，我似乎体验到一位久经沙场的老将军在指挥一场战斗的状态。全然不顾自我，行动直指目标；感受到一种强烈的责任感、沉着稳健的行事风格和挡不住的男人气息，也对我日后做人做事产生了深远的影响。这是一次生命的救赎，也是两位老友人生中的最后一次见面。汤伯伯的到来，给病魔缠身的父亲带来了巨大的精神安慰！

危难时刻见真情，汤、倪之间跨越了几十年的交往历程，让我知道了什么是友谊的纯度，也让我看到了人性所绽放的光彩！

从小开始，我们就常听父亲谈起汤伯伯的传奇经历，但当我第一次见到汤伯伯时，却发现他是一位极其低调的长者。他身为领导却从无官气，以不事张扬书写人生，以殉道者的精神忘我工作。汤伯伯更擅长做开创局面的工作，现在想想，随便拿出哪件他所做的事情，都会让人感觉格局很大，且影响力深远。

30多年前，我开始从事印刷字体设计工作，随着时间的推移，逐渐对中国现代印刷字体的历史发生兴趣，最初听到的都是一些前辈们碎片式的回忆，很难厘清整件事情的来龙去脉。有一次，上海印刷技术研究所来了两位老专家，他们告诉我，年轻时就读过我父亲写的书，还生动地讲述了自20世纪50年代开始，上海印刷字体的发展状况。特别是提到“文革”前，汤局长是如何带领他们走入字体设计的鼎盛期。从无到有，从整旧到创新。短短几年间，构建了“一所二厂”的运营模式，汇聚多方人才，形成了中国现代字体设计最核心的力量，推出了一大批新字体力作。

不听不知道，一听吓一跳。原来，中国现代印刷字体的真正“掌门人”，竟然就是我最亲近的长辈汤伯伯。

我的父亲去世以后，他的生前好友会经常关心我们晚辈。有一次，汤伯伯来北京，特意约了父亲另一位生前好友艾中全伯伯一同来到我家。艾伯伯问起我最近在做些什么，我说在做一套新字《水柱体》。艾伯伯紧接着说：“拿出来给汤伯伯看！”汤伯伯拿着我的字稿看了许久，却一言不发，这倒让我内心多了几分忐忑。这时，艾伯伯笑着问汤伯伯：“老汤，你看怎么样呀？”汤伯伯放下手中的字稿，不紧不慢地说：“不错，有想法。”然后他话锋一转，非常严肃地对我说：“印刷字体的设计原则，我归纳起来就是三个字：稳、整、匀！”随后，汤伯伯将这三个字作了展开式讲解。听着他如此认真专注的讲述，我似乎明白了其良苦用心，汤伯伯是在告诫我，不要把精力放在搬弄技巧上，而是要更加注重视觉效果和阅读效果。

三个字，朴素极简，却是浓缩的精华。在日后的设计生涯中，我的耳畔不时会听到汤伯伯的原音重现。它让我做的设计，少一些迷失，多一分定力。

2013 年 11 月初，我们倪家姐弟三人以及我的孩子驱车至上海，并有机会到汤伯伯老家苏州东山拜望邢阿姨（汤伯伯夫人），受到邢阿姨和峥姐（汤伯伯的大女儿）的热情款待，让我们体验到了亲情般的温暖，并第一次拜谒了汤伯伯的陵墓。郑重地行三鞠躬之后，我们这些晚辈围坐在墓前，重温父辈的情谊和爱心。我拿起相机对着汤伯伯墓碑拍照，但找了多个角度都觉得不理想，最后选择席地而坐，仰角度拍摄。对！在我心目中，汤伯伯只能仰视，永远的仰视！

半个多世纪连缀起来的“老汤”印象

吉晓蓉
著名出版家吉少甫和罗萍之女，资深媒体人

2002年9月初，妈妈罗萍去世刚过半年之后，她老人家晚年嘴中总叨念的“老汤”也走了。

我曾问过妈，“老汤”到底是谁？她对我说了一大堆“关系”。原来，“老汤”就是汤季宏伯伯，爸在上海出版局的前任领导、妈离休后返聘到中国大百科全书出版社上海分社的上司、爸和妈早年在新知书店的老战友、新知书店创始人徐雪寒建立抗日海上运输线的得力助手。妈还说，“老汤”的亲家沈静芷和戴琇虹分别是她和爸1939年入党的介绍人。于是，我立马想起来，“老汤”大女儿邢峥与大女婿沈建林的结婚促成人还是我呢（“红娘”应当是徐雪寒）！可是，有如此“近”上加“近”的历史和现实“关系”，为什么无论在北京还是上海，我都没有见过汤伯伯？我禁不住问妈，你们现在关系如何？妈吃惊地瞪了我一眼说：“当然好啊！”她淡然一笑：“这个老汤啊，相貌平凡，人群中不言不语。老三联人合影时，他总爱往后站，都是别人推他到前面的。他离休前后一直在忙大事，没空和大家走动。”

非常低调的大忙人——这是我对“老汤”的第一印象。

“人生第二春”中最心悦的日子

妈是湖南浏阳人，心直口快，爱憎分明，喜哀溢于言表。她对“老汤”满怀感恩之情，至于缘由，我是在编她的回忆录时，从她写给友人的几封信和她对我的口头叙述中体味出来的。

1949 年前，妈先后在三联系统的读书、新知、远方等单位工作。由于战争期间流动性大，加上我和弟弟相继出生，弟弟又多病的拖累，她只能充当老爸的“后勤”，做个称职的妻子。在书业她则一直做着财会和人事工作；1949 年后，她又长期干党务和发行工作，一直没有机会走上编辑出版第一线。依我看，妈的能力并不低于爸，论文才，或许比爸还要高出一筹。她虽有编写校对的喜好，但只能在家中为爸当助手时作点小发挥。退居二线后，这是她始终视为遗憾的一件事。大约在 1979 年老三联人开联谊会时，妈坐在“老汤”旁边，轻轻与他唠叨了几句，说粉碎“四人帮”后自己还没放开手脚干点实事，便在 1976 年 8 月被迫退休（1982 年改为离休），所以十分不开心。“老汤”见我妈虽闲了两年多，精神还不错，仍有工作激情，便在心中记下了这位新知老友的苦恼和希望。过了些日子，妈意外地接到中国

1980年代初，汤季宏（前排左）与吉少甫、罗萍夫妇（后排）探望新知书店创办人之一、老领导徐雪寒（前排中）和夫人朱光曦

大百科全书出版社上海分社返聘她的通知。妈大喜过望，觉得自己真像一个被遗弃在荒原的饥饿之人，突然遇到天上掉下一块大馅饼！

从此，妈风雨无阻，每天挤公共汽车去古北路650号的上海分社上班，一直干到1988年。妈说，这是她“人生第二个春天里最心悦的一段日子”。正是在这里，她有生第一次亲身体验了当编辑的无比辛苦和无限快乐。妈被安排参加上海分社《百科知识辞典》的编辑工作，这是送给青年读者的一件有意义的礼物。主编是老三联人、翻译家梅益，副主编是落难归来的诗人罗洛，妈是七编委之一。参加这本辞典的翻译、编辑、出版和宣传发行，是我妈一生干的唯一引以自慰的一件完整实事。编辑组齐心协力提前为编这部百科辞典做着各种准备。“老汤”听说我妈从小就学英语，后在国际书店又脱产在外交学院补学了两年英文，便告诉罗洛，交给罗萍一个任务，让她从《康普顿百科全书》中选译对编辞典有价值的内容，打印出来供大家参考。妈非常珍惜这个学以致用的机会，借助《英汉大词典》，将 1980 年版的《康普顿百科全书》翻阅了一遍，选择了其中《编者的话》、《什么是一部百科全书》、《如何使用事实索引》等内容翻译出来，打印成“参考资料”，发给编委和编辑。大家都特别欣赏该书第一版扉页上的一段说明：“鼓舞雄心，激发创造力，用一种有趣的文体，为好奇的有才智的人提供精神的资料，从而引向更广阔的知识领域——这就是这部工具书的目的。”“老汤”放手让刚从青海调回的罗洛领导这个辞典小集体，为他创造条件，慢慢适应出版社的编译、编校程序，熟悉与团队每个人的沟通合作。经过整整四年的艰苦努力，辞典的编撰工作终于完成了。共收词 14000 余条，涉及 70 多个学科。这部辞典赶在 1989 年国庆 40 周年出版，并参加了当年在北京举行的全国书展，据说反映还不错。“老汤”为保证质量，坚持用进口纸印刷，印了一万册。为了打开销路，“老汤”还建议编委们发动自己的亲朋好友，向身边的青年作推荐。那阵子，妈每天忙着写信寄书，还通过老同事，借助上了国际书店的发行渠道。后来，妈又参加了上海分社出版的《简明英汉小词典》和《临床用药大全》的编辑工作。妈始终干劲十足，兴致勃勃，心情舒畅。九年一晃就过去了，妈说："我还没过够瘾呢！"

妈说的"过瘾"，不仅是指她梦寐以求的编译生活，还指上海分社朝气蓬勃的人文环境。那种人与人之间单纯友好、亲如家人、协同一致的工作氛围，很像她还生活在早年老三联友人中间。她有时带饭去上班，喜欢中午端着饭盒，任意穿行在想去的办公室和想坐的餐桌，听那些同代人和新进社的年轻人聊天。渐渐她知道了，这些"大百科人"都是"老汤"从各地各业网罗挖掘来的，不仅有她这样的老三联战友、落难的文化人，还有一些"老汤"原来的老同事、老部下，其中有一批有专长的各行专家、身怀绝技的印刷师傅和刻字能手。他们来自曾下放去的穷乡僻壤，来自被政治风暴刮去的边陲，来自"文革"疏散后被遗忘的乡村……他们的户口，都是"老汤"一个个亲自托人跑下来的，而住房则是"老汤"亲自主持一间间盖起来分配给他们的……对此，妈说过："这样的领导太少了！"

"老汤"真是位有情有义、知人善任、有凝聚力的大能人！

爸爸晚年夸赞最多的人

我爸吉少甫是汤伯伯在上海市出版局的下级。爸接任汤伯伯主管局里出版业务这摊事时，汤伯伯已离任，忙碌在上海分社了。

爸和汤伯伯一样，是个寡言少语的内向人，在众人前不爱讲话，在媒体前不爱上镜。在家里，除了忙工作、写稿子，很少与我妈和子女交谈。出版局有人说他们这是“长期在白区做地下秘密工作养成的习惯”，也许有一定关系吧，但我认为，这主要还是被“反右”和“反右倾”等政治运动整肃处分后得了教训所致。

爸夸人几乎是惜字如金的。我和弟无论学得多么好，干事多认真，都很少得到爸的肯定。记得弟弟小时候有天狂言要“做中国的波波夫”（前苏联无线电之父），他把家中一个闹钟拆了个七零八落，挨了妈一顿骂。一周后，他又七搞八搞给安装复原了！妈高兴地奖了他一碗喷香的红烧肉；而爸呢，只摸摸他的头，在肩上拍了两下，便转身离去。弟傻傻地回头看着爸，等他再说什么，但一个字也没等到！

可是，爸晚年 80 岁用电脑写作后，我却不断地听到他夸着两个人。一个，是中国计算机汉字激光照排系统的发明者王选教授；另一个，就是汉字字体规范化标准化工程的领军人汤季宏。爸从 20 岁入新知书店做练习生开始，就一直与铅字打交道，跑印刷厂送书稿，看师傅拣字排版打大样，校对后又跑厂送改样，再看师傅一个个拣字改版……对于中国从民国时期到改革开放之前汉字铅字的不同字体字形，他已烂熟于心。尽管手中过书无数，但他总是对一些印刷成品心存遗憾。上学时，我常看到爸翻着散发油墨清香的某本新书或画册，连连叹气说：“哎，怎么字排出来就是不好看呢！”这种情景，在应用简化汉字后频频出现。

爸在用电脑写作时，汤季宏伯伯两度引领的中国汉字印刷字体规范化工程已与汉字激光照排系统的应用完美地融成一体。爸一面输入文字，一面盯着电脑屏幕跳出的一个个标准汉字，口中时不时低声说着："老汤啊老汤，你的团队真行！"待我们把他的初稿在家中打印出来，爸又会拿着校样，不停地点头说："好！真好！！漂亮！！！"他让我们将大标题、小标题、引文和正文在改版时统统改为不同大小的黑体、隶书、楷体和宋体。改版后他会将改样拿在手里，坐到窗前最亮的地方欣赏良久。有时，他把汤伯伯送他的各种字体的设计样张拿出来对照地看，说我们打印出的改样"不如老汤搞的样张漂亮"。我对爸说，咱家的打印机是喷墨的，如果用激光打印机，打出来就会和"老汤的样张"差不多了！

在印刷方面，老爸学着"老汤"，要做个"完美主义者"，即便在家中，也要精益求精。不过，"老汤"曾经指挥的，是由专家们和刻字能人组成的一个战斗大方阵；而老爸指挥的，只是家中我们几个后人。想想，其实老爸已经很幸运了。"老汤"十几年来呕心沥血奋斗的成果，爸在有生之年还有机会亲自做一名享用者、体验者和评价者，并且，他还能言谈身教叮嘱自己的后人记住"老汤"。

就这样，老爸天天在书房电脑前隔空与"老汤"默默相望、相通、相知。他认为，虽然是王选使中国印刷出版业告别了"铅与火"的时代，进入了"光和电"的时代，但没有"老汤"引领的团队与王选携手，中国书业就不能以漂亮的规范化的标准汉字新字体立于世界书林。从此，在莱比锡国际书展上，运用电子技术印制的“中国最美的书”，再也不会因文字印制的差距，留下美中不足的缺憾了！

2002 年 9 月 6 日，汤季宏伯伯不幸辞世，爸心情极为沉重。他对我说：“你汤伯伯干的是造福千秋万代的一件实实在在的好事。他的后半生真是太辛苦，也太累了！”爸带我去汤伯伯家中慰问祭拜。他边走边反复地讲：“应当有人写一写老汤，编本纪念集，写本传记。”“好多人不知道老汤在离休前后干了件大事，更不知道他对中国文化出版业的发展作的贡献有多大价值……真的不该埋没了他！”

关于《51 号兵站》和“小老大”

其实，我应当更早从父母交谈中听说过“老汤”。1960 年代初我刚上高一时，由著名导演刘琼执导、梁波罗和孙道临主演的电影《51 号兵站》公演后引起不小轰动，那时惊险的剧情片很少。这部电影，讲述了抗日战争期间，中共地下党开辟海上运输线，在日寇、敌伪的严密封锁中，向苏北、苏中运输物资，支援根据地新四军的故事。片中的年轻地下党员梁洪，以帮会头子守门徒弟“小老大”的名义作掩护，与敌人巧妙周旋，斗智斗勇，展现了他的机敏沉着、大胆果敢。这影片剧情起伏跌宕，悬念丛生，扣人心弦。加上当时青年演员梁波罗长得俊美潇洒，气质非凡，迷倒我们全校女生。有好多人看了两三遍，我自然也在其中。记得回家对爸妈讲起学校这事，妈曾问过爸，片中的“小老大”是不是汤季宏？爸说，1944 年徐（雪寒）大哥曾组建过一支海上运输队，干的就是这种事。老汤是主要负责人！

到 1994 年，又过去了 30 多年，老三联人编撰的新知店史，由生活·读书·新知三联书店出版了，爸妈拿到新书非常珍惜。我趁他俩不看时插空翻看了徐雪寒、沈静芷、戴琇虹、曹健飞、岳中俊、许静、欧阳文彬、吴康宁等熟悉的叔叔、伯伯、阿姨写的店史回忆。当然，也特别想看到有没有《51 号兵站》里“小老大”原型的故事。

在徐伯伯《新知书店的战斗历程》一文的叙述中，多次出现过“汤季宏”的名字。据他说，在 1940 年 10 月，新四军渡江东进后，“新知”曾与“生活”、“读书”各出三人，取“三人为众”之义，在苏北盐城设立了大众书店。“新知”派出汤季宏等三人，由汤季宏负责向大众书店秘密运输书刊，但人常驻上海。

1941 年 12 月 12 日，日寇侵占上海租界后，“新知”转入地下，决定人员除因家庭关系不能离沪外，余部转入根据地，同时把大量存书打包分批秘密运输到上海浦东游击区，再转到苏中、苏北和胶东根据地。汤季宏承担的这项护书运书重任，一直延续到 1944 年夏天才全部完成，除了把新知书店的大批鼓舞抗日军民的革命图书和普及知识的教材送到根据地军民手中外，还顺便从敌占区保护运去了开明书店和光明书店的一批进步图书。这期间，新知书店还承担了一项更重要的特殊任务，就是协助根据地采办运输军需物资和后勤给养。徐伯伯写道："担任秘密运输工作，要机警、勇敢、临危不惧，置个人生死于度外，并且经常深入虎穴，与敌人斗智斗勇。"在一些重要关口，徐雪寒和汤季宏这两位"老大"就要亲自出马。据记载，1942年春节前，运输队装了两船图书、印刷器材、油墨和江淮银行印刷纸币的印版等一批重要物质，出上海吴淞口送往苏北根据地。不巧的是，这批货物在海上被一股海匪劫了去。汤季宏了解到海匪头目的老窝在崇明，就去找胶东根据地派出的采购人员张锡保，以崇明为依托，通过当地土绅、地头蛇的种种关系，进行疏通。因为事关重大，汤季宏不得已请出徐雪寒亲自深入虎穴，前往交涉两个月，终于使这批重要物资失而复得。采访记录这件事前前后后的俞筱尧叔叔后来对我说，此件事的情节十分惊险和精彩，他整理出文字后交给徐雪寒看，因徐和汤一向做人低调，表示俞写得"像惊险小说"，让他把大部分内容删掉了。真是可惜啊！

1943年初，徐雪寒调到华中局做情报工作之后，他非常信任地把坚守上海办事处，连同承担海上运输的任务交给了汤季宏掌控。后来，我在俞筱尧叔叔执笔写的以蒋建忠署名的有关海上运输线的文章中看到过一段具体的叙述。原来，"新知"一个月左右要在上海和根据地之间往返一次，在几年时间里，几乎从不间断。随着工作的开展和根据地军民的需求，除了图书外，前后输送物资的内容很不相同，数量越来越大，次数也越加频繁。这项工作任务，逐渐成为新知书店在上海担负的一个特殊使命，抗日物资秘密转运站和海上秘密运输线也由此形成并健全起来。徐雪寒转去华东局情报处后，主持其事的三人之首，就是汤季宏。特别是每次海上运输线具体行动的安排，汤季宏是坐镇的总指挥。

1944 年 5 月，张朝同叔叔从苏北根据地回到上海，汤季宏从秘密工作的需要出发，考虑工作方便，在黄河路租了房子，成立了同丰行（又称丰申庄），安排张叔叔主持业务。在这之前，运输队的主要成员蒋建忠、徐群、叶绍明、许季良、刘福和等一大帮人，为工作方便，都住在卡德路（今石门二路）汤季宏家里，既不方便，也不安全。由于汤季宏下决心建立了同丰行这个固定的工作场所,对内对外就可以公开身份大胆开展各种贸易活动了。这样，就最大限度地规避了一些不必要的风险。同丰行就是这样成为中共地下党在新知书店设立的秘密转运站的。关于每批物资找谁，从哪儿订货，取货的时间、地点和接头人，选择哪个出海口，找哪个船老大，具体的行船路线，中间停靠在哪里安全，以及为保护违禁品不被查扣，在包装上该怎样进行伪装，途中可能遇到来自哪方面的阻障和风险，用什么策略和方式巧妙应对，以及交货时的要领和接头方式等等，每一个关口所有的细节都要事先作周密的预测考虑。虽然，在店史文章中找不到对汤季宏这些方面的具体描述，但我想，作为领导人和坐镇指挥者，汤季宏对此一定是废寝忘食、殚精竭虑的。

汤季宏主持新知上海机构期间，活动地点几经变更，最初是落脚在蒲石路（今长乐路），后迁移至戈登路（今江宁路）。租界被日本占领之后，又迁到同浦路和卡德路（今石门二路），最后才迁到黄河路。每一次迁移新址，汤季宏出于对大家和工作安全的着想，不知要作多少次地址的寻找和环境的考察，还要顾及经费和交通以及客户、运方联络的方便。这些工作地点，大多是上海当时极普通的小阁楼。每到晚上，一些无住处的同事就睡在桌子或地板上。汤季宏常因工作紧张与大家同吃同住。有时，徐雪寒也同睡一起。我记得徐伯伯有篇回忆文，写到 1944 年 2—3 月间，他代表延安党中央和中共华中局领导秘密潜入上海，去探

1996 年，三联书店在上海的老同志聚会，前排中为汤季宏

1996 年，新知书店部分老同志聚会。左起：岳中骏、罗萍、吉少甫、汤季宏、方学武、丁之翔

望和慰问重病中的韬奋先生。韬奋提出，请徐代他拟一份遗嘱。徐伯伯自知自己的才学不足以担当此重任，但出于尊重，还是答应作一尝试。他说，夜间就是躲在汤季宏家紧赶着起草初稿的。当时，上海的政治环境极为险恶，日伪特务军警正到处搜捕韬奋。徐雪寒敢于只身来沪慰问，已属临危不惧；而汤季宏敢于收留掩护徐雪寒，并提供徐为韬奋工作的条件，也属大义凛然。没有共同的志向和信念，没有知根知底的信赖，是不可能做到的！当年两位前辈的所作所为，至今令我敬佩不已！

新知书店店史公开出版 20 年之后，我着手编写老三联后人的回忆录，于是又重读店史。关于海上运输线的活动始末，为什么没见有属名“汤季宏”的回忆文章，在我脑中一直是个悬念。看了汤伯伯儿女的回忆，我才明白，在老新知人编店史的那段忙碌日子里，汤伯伯也正在为上海分社紧张地规划建社、造房、调人、开工，做印制74卷《中国大百科全书》和10卷《简明不列颠百科全书》的各种准备，他根本就没空去北京参加编店史工作！所以，由俞筱尧叔叔执笔完成的有关新知书店在孤岛的工作和海上运输线的长文，就缺少汤季宏个人叙述的具体细节，而蒋建忠此文后面致谢的名单中，也只有徐雪寒、张朝同、戴琇虹和俞筱尧四人，说明汤伯伯本人并未为完成此文提供材料。或许，以汤伯伯的个性，就是他去了撰写此文的调查会现场，大概也不会说多少自己的事吧？令我感动的是，在这本店史最后“怀死难战友”一栏中，有一篇汤伯伯忙中抽空写的短文：《王福和同志的革命经历》，清楚地记下了这位新知烈士短暂的一生和在海上运输时壮烈牺牲的详细经过。1500多字，充满对下属的爱戴、赞赏和缅怀深情，却没有一个字提到他自己！（参见本书第二篇附录——编注）文后，他详注了资料依据的来源。由此可见，汤伯伯真是位极低调、极仔细又极重情义的人。

半个世纪前的电影《51号兵站》，早已从当代人的视野中逝去。关于它依据的史实和原型现已有了多种版本。2007年，由杜淳主演的26集电视剧《51号兵站》播出后，已没有了当年电影的那种轰动。兵站中的“小老大”原型是谁，更不会有人关心和追问。但在我心中，“小老大”的原型肯定有徐雪寒、汤季宏、蒋建忠和一批“新知”海上运输队员的影子。他们是一群为国为民、赤胆忠心的抗日好汉，中国现代出版史和文化传播史上能文能武的勇者！

“精神的力量是不可低估和小视的”

小标题这句话，是曾任中国大百科全书出版社上海分社党组成员的著名学者王元化的一句名言。我相信前辈此语是有的放矢的。

1949年前至今，白区地下党的工作一直被某些人看轻。至于“笔杆子”在抗日战争中发挥的作用，直到目前仍没得到应有的充分肯定。为抗日战争和中国民主大业奉献青春的老三联人，后来有不少命运十分坎坷，事业长期难以延续。汤伯伯是其中之一。所幸的是，他在人生的最后十多年，以强大的精神力量夺回了那些白白浪费的宝贵时间。这和他1940年代初把新知出版的书从“孤岛”转运到根据地军民手中产生的“精神的力量”同样是“不可低估和小视的”。翻开店史记录的文字，我看到了这两段历史精神力量的一脉相承：“战士们在前线负了伤，躺在担架上被抬到战地医院，怀里经常揣着鲜血染红的图书。有的书还带着敌人的枪眼，不少图书没有了封面，已经十分破旧，战士们仍很珍惜，轮流抢着阅读。”“《钢铁是怎样炼成的》，更是战士们热爱的读物。战地的书少，这本书经常被拆成两本或三本，几个人交换着阅读”。此书是由梅益在“孤岛”时期翻译，以远方书店名义出版的，不仅在沦陷区，而且在根据地，都是当时的畅销书，鼓舞了不少热血青年奋力在抗日战火中百炼成钢。所以，根据地部队首长每次见到有书运来，都非常高兴。他们十分清楚，满足战士们文化阅读的战时饥渴，产生的精神力量也许胜过自己的几次战前动员！生活、读书、新知三店在苏北办的随军书店，大受官兵的欢迎，原因也在于此。汤伯伯所领导的海上运输队给予抗战官兵的精神力量功不可没！

我妈生前在上海分社时，曾用毛笔抄录下一段她翻译的文字，送给我作生日礼物：“立志是一件很重要的事情。工作随着志向走，成功随着工作来，这是一定的规律，立志、工作、成功，是人类活动的三大要素。立志是事业的大门，工作是登堂入室的旅程，这旅程的尽头就是有了成功在等待着，来庆祝你的努力结果……——巴斯德（引自《科学家成功的奥秘》）”

我觉得这几句话，也可以概括汤伯伯的一生。我仅知道他完成了三件大事（开辟海上运输线、创建中国大百科全书出版社上海分社、主持汉字印刷字体规范化工程），无疑，他是位成功者。他立的是“竭诚为读者服务”的志，他用自己的实干在书业“登堂入室”，他不事张扬地走完了每一段艰辛的旅程，直到他去世了14年的今天，连他的老三联友人都少有人知道，他的默默付出，怎样推动了中国的文化抗战，推动了中外文化的交流积累，推动了信息化社会的前行。

写到这里，不得不感到万分遗憾。爸妈敬佩的“老汤”，我至今没见过一面，他也没和我说过一句话。半个多世纪以来，“老汤”的音容笑貌在我眼中始终是朦胧的、不清晰的，但“老汤”的精神力量却在我心里越来越明朗，越来越强健了。

“老汤”，一位无名英雄！

2016 年 1 月

难忘汤季宏叔叔

天行

新四军老战士孙韦其之子

我妈妈和汤叔叔的战友情谊，可以追述到70多年前，那时我才9岁。这个故事要从我的父亲沙耆说起。

1932年，我父亲就读于上海美术专科学校时，因参加抗日救亡运动，被法国巡捕房逮捕，以“危害民国”罪判刑一年。我祖父托人保释监外求医时，谎称我父亲已出逃日本。实际是逃往南京我大伯父沙孟海先生家中躲藏。大伯父为他改名沙耆，并推荐给徐悲鸿先生学画，成为当时南京中央大学艺术科一名旁听生。就在此期间父亲认识了我母亲，两人并于1936年4月在杭州结婚。

徐悲鸿先生发现我父亲的绘画才能，有意推荐他去比利时皇家美术学院深造。我祖父正为这个逃犯儿子发愁呐，于是我父亲作为一名自费留学生，于1936年12月匆匆惜别已怀孕的妻子，只身赴比利时留学。

1937年5月，母亲在杭州生下了我。7月，抗日战争全面爆发。战争造成大量失去父母的孤儿流落街头，成为灾童。当年有沪、甬一带商贾巨子竺梅先夫妇，在上海宁波同乡会上呼吁成立“国际灾童教养院”收留灾童。我祖父因为与竺梅先是杭州华丰纸厂的合伙人，现在工厂因战争停办，就自告奋勇参加教养院的筹建，选址在浙江奉化琅溪泰清山脚下，一座废弃多年的寺庙。前后收留了五六百名灾童。我母亲也因此带着刚满周岁的我，跟随祖父去教养院，成为教养院一名兼课老师。

我祖父曾为此留诗一首：

琅溪国际灾童教养院

春入琅溪草自长，新开讲席延朝阳；
歌声晓夜撼山岳，琴韵悠扬感万方；
茅屋新成佳宾集，草堂初结午风凉；
莘莘五百来何方，自诉无家又无乡。

1943年我祖父因筹建教养院劳累过度而过世，我母亲亦因此离开教养院。母亲处理好祖父的后事、安排好祖母的生活，把我交给祖母。她回到上海，找到三伯父沙文汉、四伯父沙文威和三伯母陈修良，向他们提出要求参加革命。三伯父他们看到我母亲已经把家事安排妥当，没有什么后顾之忧了，就同意了她的要求。在四伯父具体安排下，我母亲带着她的妹妹一起参加了新四军。

1945年，重庆谈判期间，长江南北一片和平景象，南北往来探亲频繁。我母亲想：假如今后真的以长江为界，那我儿子不是生活在蒋管区了吗？这不行！一定要把儿子接到解放区来接受革命教育。于是她向组织上请了假，直奔宁波乡下。征得我祖母同意之后，就带着我返回上海，住在我外公家。第二天汤叔叔就找到我母亲。汤叔叔是上海地下党专门负责交通运输的。他告诉我母亲，前段时间从根据地出来的人中间出了叛徒，上海地下组织受到了破坏。要母亲赶快带我离开上海。汤叔叔给母亲安排一条返回根据地比较安全的路线，告诉母亲如何冲破敌人封锁线。要母亲在通过伪军检查哨时，暗暗在手提皮箱上面放些钱，伪军拿了钱，就会让我们顺利通过。母亲离开汤叔叔的第二天，就带

1995年，孙韦其（右）与汤季宏夫妇

1996年，天行与汤季宏

着我上路了。按照汤叔叔安排的路线行走，很顺利地回到了淮阴根据地。母亲把我安排在淮安的一个干部子弟小学（校长是洪克平妈妈，她是孙冶方伯伯的夫人，都是宁波人）上三年级，那年我9岁。

解放初，我母亲调往北京工作，把我寄宿在上海中学上学，中学毕业后，我考取了哈尔滨军事工程学院，毕业后分配到边疆昆明军区司令部任参谋。“文革”后期，我刚从援越抗美的前线回来，就遇到部队清理阶级队伍。由于怀疑我母亲是特务、我父亲是境外派遣伪装成精神病的特务，我被审查10个月之后，以战士复员身份处理回乡，在工厂当工人。当时，我母亲已调回上海，母亲的家与汤叔叔家住得很近，几近邻居，两家之间频繁走动，特别亲切。不但老一辈的革命情谊深厚，而且小辈之间也如同兄弟姐妹一样亲热。

晚年的汤叔叔留恋他的故乡苏州东山，曾邀我去看他东山的老房子，帮他出点主意。他想改造、装修一番，以便有机会可去住住……汤叔叔去世以后，我曾陪邢阿姨去过一次汤叔叔的墓地。那时我妈还在。她对我说：“我也想去……”

风吹浪打，闲庭信步

叶燕

汤季宏表弟叶肇明之女

汤季宏大伯伯是我父亲叶肇明的表兄，我的祖父叶仲坚是大伯伯的二舅。大伯伯也是我父亲走上革命道路的引路人，几十年来他们彼此保持着同志加兄弟的深厚感情。1940年代初，大伯伯把我父亲介绍到山东解放区参加抗日活动。因为父亲从小生活在上海，说一口流利的沪语，不久就被组织上派回上海参加地下工作，在大伯伯的直接领导下，以上海新知书店贸易商行作掩护，秘密从事运输工作，把大量进步书刊、印刷器材等运往苏北、胶东、浙东等革命根据地。

1970年代中期，我在大伯伯家住了有一年光景。当时我刚高中毕业，还待业在家，满脑子理想和现实的碰撞，充满了对未来的憧憬和迷茫。那时正值“文革”后期，我的父亲叶肇明被“双开”，还下放在离新疆乌鲁木齐很远的县城。大伯伯也还“靠边”在家，但他是那么从容淡定，相信组织、相信党，他经常研读《资本论》，欣赏毛泽东诗词，“不管风吹浪打，胜似闲庭信步”，尽管人生跌宕起伏，但心中依然坚持共产主义信仰。如此气魄，让我敬佩。

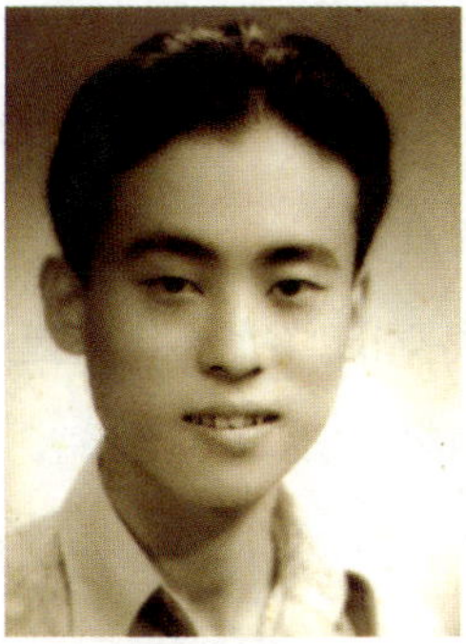
1934 年汤季宏

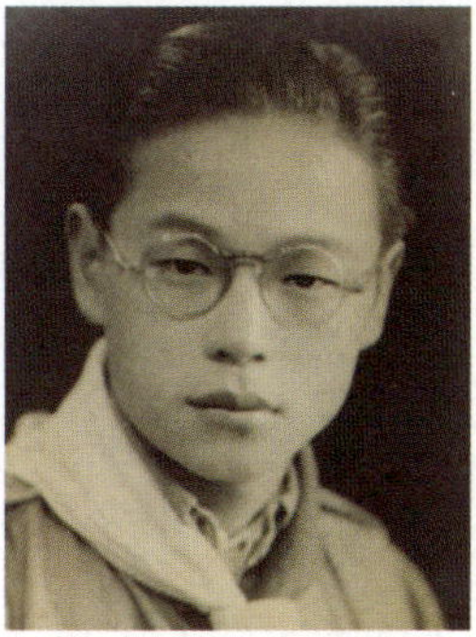
1934 年叶肇明

大伯伯的手非常巧，家里的竹席、躺椅坏了，他就亲自动手，把一根根竹子削成薄薄的细片，再一点点与破损的旧席子对接，编织和抛光，使一张席子整旧如新。有段时间的每天下午，我一边跟大伯伯学着补竹席，一边让他跟我讲他们当年的战斗经历。

在白色恐怖的日子里，父辈们和他们的战友经常是冒着生命危险一次次往返于敌人的封锁线完成运输任务，当年苏联红色小说《钢铁是怎样炼成的》第一版印刷完后，他们用船把书运往解放区。在路上，正好日本鬼子的巡逻船过来盘查。情况十分危急，如果查出是禁书，后果就不堪设想，幸而这一次日本人不认识中文字，看到“钢铁”二字以为是专业书籍，才放过一马。他们为解放区采购药品、武器，经手很多金条钱币，有时就放在小皮箱里藏在我爷爷奶奶家的大床下面，每个同志都知道，那是前线的同志们用生命换来的，所以使用起来都精打细算。他们平时出去谈工作，或是西装革履，或是长袍马褂，但里面的衣服必定是补了又补，就连手表用好了回家都放在专门的地方，以使其他同志出去接头工作时还可以继续戴用。由此可见，他们所有的精心装扮都是为了给地下工作作掩护。由于叛徒的出卖，大伯伯和父亲一起坐过日本人和国民党的监狱，共同挺过敌人的严刑拷打，没有屈服。经过组织的营救，出狱后继续出生入死为党奋斗。大伯伯告诉我，他们当年干的工作是把脑袋别在裤腰带上的事情，他还赞赏我父亲机智谨慎，每次都能出色地完成任务。

解放后，大伯伯南下到上海主持上海出版系统的工作。我的父亲叶肇明和母亲舒岚跟着部队一起南下到了福建工作。1958年新疆维吾尔自治区成立后，我的父母又从北京派去新疆参加自治区财政厅和外贸局的建设，从此留在了新疆乌鲁木齐。新中国成立后，他们兄弟见面相聚的机会不多，十年浩劫中更是各自被关押，音讯渺茫。直到1974年，大伯伯大妈妈得知我妈妈得了乳房癌，而爸爸此刻还在下放，就邀请我陪着妈妈来上海开刀治病。他们托关系找医生，为了方便我就近去瑞金医院照顾妈妈，就让我住在他们淮海路的家。妈妈出院后也在大伯伯家休养了很长一段时间。与大伯伯相处的一年多时间，使我建立了对生活的信心，也坚定了我的信仰。

正是我们自己身边的这样一群共产党人的无畏付出，革命才能成功。革命者在我眼中，不再是《红岩》、《青春之歌》中的人物，而是身边鲜活的父辈们。他们谈笑风生，荣辱不惊，大起大落的人生背后，是梦想，是信仰，是一幅波澜壮阔的历史画卷。

叶肇明（后排右）与小妹叶茵（前排左）、大妹叶肇云及小弟 叶肇宏的合影

欣闻上海新四军广场纪念碑在上海“福寿园”落成，大伯伯和他战友的名字都在上面，我们把父母的名字也添了上去，让他们叶落归根，找到组织，回到同志和兄弟们的身边，以告慰他们的英灵，安抚自己的心。

2016 年 1 月

身教胜言教，润物细无声

黄金伟
上海交通大学无锡研究院常务副院长

汤季宏伯伯于我而言亦父亦师，对于我世界观、人生观和价值观的形成具有重要影响，时常想着写一篇纪念文章以志缅怀之情，但颇费踌躇，作为理工生的我，实难有能力彰明其德厚流光之万一。2016 年是汤伯伯诞辰 100 周年，他的音容笑貌不时浮现在眼前，现就我个人与他交往中的二三事，以下面的文字悼念和缅怀西行的汤伯伯。

汤伯伯是我发小暨同学汤小淇的父亲，第一次与汤伯伯见面是 1974 年深秋的一天，一看见我们走进他的书房里，他便放下正在开启信封的小剪刀，从码放书报杂志的双拼写字台前微笑着站起来，和我握手交谈。汤伯伯个子不高，略显清瘦，身着洗得有点发白的浅灰色中山装，给人以俭朴认真、和蔼可亲、慈眉善目、知性儒雅的印象。

1977 年恢复高考通知发出后，小伙伴们商量每周末在哪儿

埋首书房的汤季宏

一起自习迎考，汤伯伯知道后，就提出可以用他的书房。我们知道，他平时包括周末一直在书房处理事务的，要改变这种长期养成的习惯，还是有相当困难的。到了冬天，汤伯伯家中仅书房有一个火炉可以取暖，我们反过来邀请他到书房来，天气特别寒冷的时候，汤伯伯有时也会坐在沙发上静静地阅读文件资料，时而还会提着火炉上烧着的水壶，给我们续加开水。

当时，复习资料奇缺，有一次我们发现书房里放着几套《数理化自学丛书》，原来，汤伯伯听到我们议论正在再版这套很有价值的丛书而特意去买来的，当时我们又是惊喜，又是感动。汤伯伯就是这样言语不多，用行动激励我们奋发向上、努力学习。

后来一起复习的小伙伴们分别都考上了交大、复旦、华师大等院校。时间已经过去了近 40 年，每每谈及当年自习迎考的情景，我们对汤伯伯依然充满浓浓的感激之情。

我们大学毕业，各自踏上工作岗位后，常常还是会在小淇家聚会。汤伯伯从中国大百科全书出版社上海分社离休后，又开始继续他“文革”后中断的字体研究工作。汤伯伯告诉我们，根据国标 GB2312-80 建立的汉字字库选入汉字为 6763 个，分为两级，一级字库中有 3755 个，是常用汉字，二级字库中有 3008 个，是次常用汉字。20 世纪 80 年代末 90 年代初，王选院士主持研发

1985 年，黄金伟（左一）与汤季宏（左三）等在苏州

的汉字电脑激光照排系统在印刷行业逐步得到了推广应用，但是该系统电脑中使用的汉字字库的字体质量无法满足专业印刷的要求，其主要原因是这些字体的数字化模板均是取自当时的印刷字体，而该套字体则是在汤伯伯主持下从 1961 年到“文革”初，由上海印刷字体研究室的专家们通过创新设计陆续完成并推出，包含“宋二体”、“宋三体”、“黑二体”、“宋五体”、“仿宋体”、“正楷体”六种字体，是中国第一套标准化简化字字体。这套字体完全能满足传统印刷要求，在印刷出版《辞海》和《毛泽东选集》（1–4 卷）时获得了极高的评价，此后国内所有印刷品也都是用的这套字。但是这第一套字体由于“文革”的影响设计还不完整，并且由于设计年代的关系，它并不能适合数字化字体要能任意缩放、变形的要求，所制成的印刷品实难达到规范和美观的要求。

汤伯伯一直牵挂着组织字体设计师设计创写新的适用于电脑激光照排的印刷字模和优化充实原有第一套印刷字体的事情。1992 年，为推动印刷字体发展，他不顾已经 77 岁的高龄，创建了上海立新印刷字体研究所，召集钱惠明、周今才和徐学成等一批新中国第一代印刷字体设计师和我们年轻一代的电脑从业者组成了专门的工作小组。汤伯伯没有一点领导的架子，每次讨论，总是鼓励大家各抒己见、畅所欲言，而他则微笑着倾听大家的发言，和颜悦色地总结大家的意见和建议，并提纲挈领地表达自己的观点。

说到开讨论会，我想起一个小插曲。有一次我到汤伯伯家参会，看见他们几位老人在分包茶叶，原来是工作组的一位老同志从黄山买回来几斤毛峰，他们正在乐呵呵地“劈硬柴”呢，当然，沏茶还是用汤伯伯的那一份，呵呵！

有一次，汤伯伯带领我们到位于常州武进牛塘镇的常州华文文字技术有限公司考察，当时可没有高速公路，省道还是弯弯曲曲的，县级以下的道路更不平坦，而华文公司地处也比较偏僻。我们一清早出发，风尘仆仆地赶到目的地时已临近中午，总经理黄克俭先生向我们介绍了华文公司创建一年多来的简况并陪同我们参观了相关作业区。在整个考察过程中，汤伯伯始终兴致勃勃，详细询问印刷字母体、字模、字体电脑设计、照排、印刷、电脑及外设等各方面的情况和存在的困难，基于对推进规范化印刷字体及其电脑设计事业的共同热爱和执着，双方坦诚地交流，为可能的合作奠定了良好的基础。

1993 年，在汤伯伯支持下，立新字体研究所还和上海海德电子公司合作成立了上海立德电子图文公司，尝试进行电脑字体的数字化制作方面的研究，虽然由于资金和当时技术水平的限制等原因，这项工作没能有进一步的成果，但是他那种勇于探索，为完成事业不断进取的精神给我留下了极其深刻的印象。

汤伯伯对我们后辈关爱有加，但很少言教（其实就我所见所闻，他对朋友、同事和部下也是如此）。但他的身体力行、为人品德和锲而不舍的奋斗精神，给我们树立了活生生的榜样，润物细无声地铭刻在我们的心灵之中，在我的人生历程中始终潜移默化地产生着影响和作用。对国家和社会，我虽然没作出什么大的贡献，但值得欣慰的是没有辜负他老人家一片真挚的爱心。

2016 年 2 月

他的字典里有风霜和情怀

江小青

SMG 上海广播新闻中心常务副主任

初见汤伯伯还是在大学时代。因为跟汤伯伯的小女儿小辛是最要好的闺蜜，所以，寒暑假会经常去他家找她玩。

汤伯伯的家坐落在淮海中路的公寓楼上，当时给我的印象，汤伯伯就是一个清癯严肃的老者，如果在家，必定是坐在很大的一间书房的书桌前的。那张书桌是临窗的，窗下就是喧闹的淮海路。我当时就想，那么闹的还能读得了书，真是好性情！脑海中便会联想到曾经课本上读到的，毛泽东专拣热闹的庙会静心读书的情景，心下总会感佩：大凡有本事的人就是这么磨炼出来的。那时候，跟汤伯伯话不多，但知道汤伯伯是从抗日战争时期走过来的老共产党员，坐过日本人和国民党的大牢，是电影《51 号兵站》中“小老大”的原型。不知道是不是这个原因，他的眼神总让我想起两个字：坚毅。也因此，对他老人家敬畏多于好奇，所以，一般打个招呼，就躲到小辛的房间去了。那段时间，正是上海的出版业百废待兴的时候，汤伯伯担纲着中国大百科全书出版社上海分社负责人的重任，早出晚归，见一面也不容易。

工作以后，我在广播电台当了记者。每每再去，汤伯伯总会开玩笑地说：笨蛋记者来了。原来，广播记者发报道，总会冠名：本台记者 ××× 报道，咋一听，很像“笨蛋记者”。于是，跟汤伯伯有了一份亲近和随意。

记得 1980 年代末的那个风云突变的春夏，有一日我走在嘈杂的淮海路上，猛一抬头，就看见摆着那张大书桌的书房窗前，伫立着汤伯伯，他注视着窗下汹涌的人流，表情极其静穆沉重，目光似乎穿越时空透视着眼前的一切。那个形象我特别难忘。我猜想，一个经历了腥风血雨的革命者，面对当时的动荡无序，心里该是有多大的波澜啊。日后有一次提起这事，汤伯伯很认真地对我说，你们还年轻，要好好学习历史。

随着年事渐高，汤伯伯离休后在家的时间多了，每次去，见面的机会也就多了。这个时候的汤伯伯不再是严肃寡言的老人了，而是亲切随和的老者。我发现，对于儿女的生活和决定，他很少干涉，只给原则性的意见参考。我从小辛口中也很少听到爸爸对她有这个那个的“命令”，小辛从小到大，求学、婚嫁、出国定居，汤伯伯总是站在理解和欣赏的角度支持着女儿。20 多年前小辛去美国的时候，我去送行，汤伯伯几乎全程沉默，仿佛能够透视一切的眼神，追随着前后忙碌的我们。现在想来，那时的我们真的太年轻，读不懂父母的眼神。有一年，好像是汤伯伯和邢阿姨

1992年，江小青与盛天民、汤季宏、汤小淇、邢至康（左起）合影

的结婚纪念日，二老请好朋友草婴夫妇吃饭，把我叫上了，说是代替他们的小女儿陪着坐坐。其实我从没听汤伯伯讲过思念远在美国的女儿的话，那一次让我理解了他深深埋在心里的父女情，我很是感怀：老人家的字典里，满是风霜，却有深藏不露的情怀。这也让我在以后的日子里，每次见到他，都像是见到了自己的父亲。记得有一回我带了点香蕉去，还随手剥了一根递给汤伯伯，老人家很认真地吃了大半根，汤伯伯的大女儿峥峥姐姐开玩笑说，真给你面子，我们给爸爸吃他基本是不吃的。这让我很欣慰。

时间真的很快，转眼汤伯伯离开我们已经十几年了。今天在写着这些文字的时候，我眼前总浮现出那仿佛能够透视一切的眼神，好想再听他笑呵呵地说：笨蛋记者来了。

2016年3月

绵绵思念 亲情无限

在结婚40周年时，汤季宏和夫人邢至康去了当年拍结婚照的『王开』照相馆又留下了一张合影。汤季宏对邢至康说：『我们金婚时再来。』结果他们没有等到这一天。一转眼，却是『十年生死两茫茫』。他的孩子们心中各自珍藏着对父亲的思念：彷徨失意时，他们希望听到父亲的建议；欣喜得意时，更渴望向父亲禀报，与之分享……

十年生死两茫茫
——忆季宏

邢至康
汤季宏夫人，原上海市妇女联合会主任、巾帼园董事长

季宏，与你离别已满14年了，真是十年生死两茫茫啊。今年是你百岁诞辰。组织上、子女和朋友们要为你开纪念会，我作为妻子非常感谢。

我与季宏共同生活了44年，他一直是像一位老同志、老大哥那样爱护、照顾着我。用他高尚的品格影响着我；有很多事是我终身难忘的。

我们是1957年经老战友介绍相识，当时大家工作都很忙，一星期有时都见不到一次面。在一起时他会讲他的家史、历史，小时候祖父母如何宠爱他；讲解放前他为党做地下工作时家里如何支持他，在最困难时母亲和妹妹在街上摆报摊用微薄的收入维持一家人的生活，同时报摊还是党的地下联络点；说他曾两次坐敌人的牢，第一次母亲和他一起被日寇逮捕，他要母亲不能承认他是她儿子，老太太始终就对敌人说他是侄子，不承认母子关系。

1959 年，汤季宏、邢至康夫妇合影

他肺不好，是被敌人用辣椒水灌过留下的后遗症；他还给我看他身上的伤疤，这是敌人上刑时用香烟头烫的印记。讲这些时他很平静，但是每当提起做地下工作时与战友们在敌人的眼皮底下出生入死完成党的任务，在危难中相互关照的事情时他却很动情。

大概是在 1960 年代初，有一天他回家，我看他神色沉重，就问他为什么？他说没事，看他不开心我也不便多问。这时上海市委宣传部长石西民的秘书来电话说石部长要来看他。不一会儿石西民同志一个人来到我们在逸村的家，第一句话就说："老汤下午开会后不舒服是吗？所以我过来看看他。"我一问才知道，原来上海新华印刷厂承印《毛泽东选集》时，有一批报废纸样没有当场销毁，而是当成废纸卖掉，结果在武汉港口的一个卖炒花生小摊上被发现用作了包装纸。这在当时是一个严重的政治事件，于是就一路调查追踪到了上海，发现是由新华印刷厂流出的。老汤当时是出版局主管上海印刷发行的副局长，所以当天下午被市委宣传部宣布“党内警告处分”。石西民同志对老汤说：“这件事情影响不好，怎么能把印毛选的报废纸运到武汉港口包花生了呢？起码是没有注意吧？印毛选只有在上海，你又是分管印刷的领导，只能处分到你了，以后要吸取教训。多讲一句的话，废纸就会保管好了。”季宏当时也很感动，说：“石部长这样忙，还如此周到地关心干部。你放心，我会想通的。”送走了石部长回来后他跟我说：“这就是我们的领导，这也是榜样。”体现了他

1963 年，汤季宏、邢至康与儿子小淇、小女小辛摄于上海复兴公园

从善如流、忍辱负重的品格。

1966年“文革”开始，因为季宏在地下工作时被捕的事情，他成为上海出版系统第一个被打倒的局级干部，从1966年8月到1978年5月一直被隔离、监督、管制、受批判。这十多年的风雨同舟、相濡以沫的日子我是刻骨铭心。我们是通过相互的支持和信任，才度过了这段艰难岁月。1967年有一次他被他蹲点搞“四清”工作的商务印书馆造反派批斗，我被拉去陪斗。那天我学校里的造反派给我挂了个蒸笼架，要我跪着一级级上到二楼去，脚不能落地。站到老汤身边时他捏了下我的手，要我坚强。我们被一直批斗到晚上12点才让回家，路上他和我一起去吃点东西，一边吃他一边对我说：“小孩子把你这样也就算了，干部这样就不对了；这是群众运动，总有过头的，不要去想它吧。”我现在还清楚地记得那段时间我晚上回家总看到他与两个孩子在门口等我，有时他还抱着睡着的小女儿。我们会相互讲白天的遭遇，看到我被图钉钉得浑身是血时，他一边为我擦掉身上的血迹一边说：“这是法西斯啊，与我在日本人牢里没有两样了。”1968年初我被有群众参加的支部会议开除党籍，心里很难受，更难以理解，以前从不哭的我回来后坐在毛主席像前哭了。季宏就安慰我说：“不会的，哪有一个老党员被群众一哄就这样开除的？我想会纠正的。”过了一会他又说：“但是如果不改过来了，就这样开除了，那我想你对这个党也没什么留恋的了。”听了这个话，我心里一松，慢慢平静下来了，明白这些都不应该是党的做法。

1967年初他被隔离审查失去自由，一直到1968年9月才释放。

还有件事能说明他的为人性格，1975年初他在干校被开除党籍，说他是“叛徒、特务、走资派”，他们的军宣队要他向我提出离婚。可能也是觉得“问题”久拖未决，也许不会再翻过来了，他就给我写信了。我知道他内心是不愿意的，就写了封回信给他。我知道书信送去都是要被检查的，直话直说不行，我就写：“我们的社会是个不会沉没的咸水河，孩子也很快会长大的，我们老了不会太苦的。”又写了首诗给他：“风雨结同舟，依依约白头，任凭骇浪起，相与渡横流。”这封信寄出后三天，他单位军宣队的一个人就来到我们学校，当知道我已“解放”、恢复党籍后，当着我和学校工宣队的面就说：“她就是‘解放’了，党籍也不能恢复！”“你还可以恢复党籍？你还像个党员吗？丈夫是个叛徒、特务，还要与其共渡横流，我要问你什么是骇浪？什么是横流？”我说：“骇浪与横流就是指不管有什么困难的事都会与他共同克服，这有何错？你们究竟是想他活着还是想他死呢？”他无言以对。但从此以后我的党组织生活很长时间没有恢复。

季宏到1978年5月才算被彻底“解放”，7月份姜椿芳同志就来家里邀请他一起筹备中国大百科全书出版社，季宏当时说：“坐共产党的监狱比坐日本人、国民党的难受多了，因为不能反抗。但是现在的情况说明党没有忘记我们这些老同志。”

季宏恢复工作时已经62岁，觉得自己能够做事的时间已经

1970 年代末，汤季宏与邢至康

不多了，所以他怀着要把失去的时间补回来的心情，全身心地投入到大百科上海分社的出版事业中。他脑子里好像总是在同时计划多件事情，为了建造上海分社的办公大楼、职工宿舍，他白天带着分社的年轻同志坐着车到处找空地。当时的市委、市府领导芮杏文、陈国栋、汪道涵、王一平与季宏都很熟，季宏也常常在晚上等他们回家后去他们住所要批文，要资金。

1979 年我与他一起去见当时的上海市长汪道涵同志，道涵同志看了中央关于成立中国大百科全书出版社和上海分社的批示后，非常高兴，听说上海分社还打算要办学校、办印刷厂和研究所等，就批了几十亩地大力支持。就这样仅仅一年多的时间，上

1980 年代，汤季宏与邢至康摄于青岛

海分社就在古北路仙霞路建造了好几栋办公大楼和职工宿舍大楼。我记得大楼竣工后，季宏非常开心和自豪，凡是有同志和朋友从外地来，他就带着他们去看新建的办公大楼。为了把好百科全书的样板书《天文学》卷的印刷质量关，季宏有段时间几乎每隔一个月就要坐七八个小时的长途车去位于安徽绩溪的海峰印刷厂，有时在那里住上十天半个月。当时上海分社刚成立，招收了很多年轻的编辑和校对，统统集中在海峰厂培训，季宏很喜欢和这些年轻人在一起，所以到他离休离开上海分社多年以后，这些已经成为中坚力量的小字辈还和季宏保持着深厚的友谊，常常来陪伴探望他。

季宏离休时已经73岁了，看到当时用的印刷字体已经无法适应电脑印刷排版的需要时就说："要做新的字体，这件事再不做就来不及了。"他建立了立新印刷字体研究所，组织印刷字体设计老专家钱惠明、周今才、徐学成等花了好几年的时间设计完成了一套全新的印刷字体母版。老汤对这些专家也是非常尊重和爱惜的。钱惠明1950年代时就是八级字模工，1960年老汤创立上海印刷字体研究所时，老钱被他从工厂调到研究所。"文革"以后大家有20多年没有联系。1988年季宏离休后想继续搞新字体，到处去打听这些老专家的下落，当时不少人已经退休了，比如老钱已经回到江苏老家颐养天年了，他接到老汤的邀请后就立即加入到设计新字体的队伍。立新字体研究所成立初期没有什么

1996年，汤季宏与邢至康

资金，对这些老专家也只能发很少一些车马费。大概在 1994 年前后的一天，老钱在赶公共汽车时摔了一跤，昏迷不醒了很长一段时间。老汤知道后心急如焚，让我几次去华山医院联系最好的神经外科医生为老钱会诊。后来钱惠明稍微恢复了一些后就回到了老家休养。季宏心里一直牵挂着他，好几次想去老钱家乡探望，但是当时因为他自己已是耄耋之年，中风了两次，所以都被我劝阻了。他就请王克祥同志和字体所的同志每年带着钱去探望钱惠明。

季宏就是这么一位温良谦和的老同志，他的言行和品格不仅影响了我，也为我们的孩子做出了很好的榜样，我们都以他为荣。

2016 年 2 月

父亲的未了心愿

邢峥

汤季宏长女

父亲走了已经14个年头了，仿佛很遥远，又似乎不曾离开。在老爷子诞辰一百周年之际，坐在他老人家遗像前我倒上一杯清茶，边饮边望着他那双熟悉的眼睛，不由得想起了很多、很多……

父亲是我的继父，在我4岁时，母亲和父亲结婚，同年，我跟随母亲的伯母来到北京，就在北京长大、结婚、生子，但我们父女的感情一直很好。小时候，父亲只要有机会来北京开会，总会抽时间来看我。记得有一次他身着浅色西装、手挎一件米色风衣带我外出，我们父女俩走在北京的胡同里，那回头率真不比现在的明星低。我那时觉得老爸比洪常青还帅。

父亲是苏州人，虽温和，却不苟言笑，话极少，这可能是他多年从事地下工作养成的习惯吧。记得他去书房，可以不开灯从几千册藏书里挑出他要的那一本书。“老三联”的人都很内敛，从不在家里说工作上的事，也不愿意回忆他们过去的事，哪怕那是多么辉煌的一段经历。记得在我十几岁的时候我曾问过父亲："你会打枪吗？""你打死过人吗？"第一句父亲回答我："会啊。"第二句父亲就指责我道："有你这么问问题的吗？"并狠狠地瞪了我一眼。真是个傻问题，现在想起来都会笑。1978 年，父亲被摘去了"叛徒、特务"的帽子，彻底平反了，他带着全家去北戴河玩。有一天我们去爬西山，记忆中，山很陡，都是土路，下山的时候路更不好走，但父亲快步地跑着下山。那年他已经 62 岁了，我怕父亲摔倒，去追他，但就是追不上，急得我直叫他。父亲在不远处停下来，得意地看着我气喘吁吁地跑到他面前，问我："你知道应该怎样下山才能既快又不会摔倒吗？"他告诉我，陡的地方身体要侧过来走，遇到又陡又滑的地方步子要快一点，特别陡的地方要跳一跳，边说他还边做着示范。我照他的样子做还真的好使。我们父女俩就这样跑着、跳着很快就到了山下。一路上他告诉我，以前他们行军捞不着时间睡觉，他有个本事，走路也可以睡觉。那时我还不信他说的话，后来听到其他伯伯说过同样的经历我才信了。记得不止一个长辈告诉我，你爸爸唱歌不行，行军教他唱歌，走了一夜的路他一句都没有学会。还有新四军的灰军装是土法染的布，就怕下雨，一沾水，布上的染料就会流到战士们的脸上，个个都成了大花脸，战士们看着彼此的大花脸都笑弯了腰。我想象着在这样艰难困苦的条件下，战士们还这样开心啊……父亲那一辈人就是这样笑着面对当时极其残酷的现实，随时准备为理想而献身，包括后来在"文革"中被隔离审查、被下放到五七干校、被开除党籍、被“靠边”在家十几年，但家人们从没听到过父亲对党有任何抱怨，最多他只会淡淡地说一句：“他们不代表党。”到了父亲的晚年，由于妹妹远在美国，弟弟一个人忙不过来，我回上海在家里陪父亲的时间多了一点，特别是他病重住院的那几年，他心里有话就会跟我说。我们一起逛公园，一起散步，经常会天南海北地聊天，那真是一段很幸福的时光。这段时光让我和父亲更亲近了，不像小时候和他在一起那样拘谨了。我问过他，电影《51号兵站》里的“小老大”你是原型吗？他告诉我：电影里说的那件事不是他做的，但他们的确在做这些事。抗日战争和解放战争期间，他负责往新四军苏中解放区运输物资和人员。除了电影里说的运输无缝钢管外，还有印刷机、印钞机等物资。当时的条件非常艰苦，和日伪周旋躲过了人祸不一定躲得过天灾，记得有一次风浪把船打翻了，人和物资都掉进江里，死了很多人，有的战士被救上来时，整个人被冻在冰里却还紧抱着枪。我理解为，这就是信仰的力量吧。

记得在父亲的最后几年，有一件事情让我难忘，现在想起来心里都不好受。一天我和父亲散步到复兴公园，坐在一棵参天大树下的长椅上晒太阳，中午的阳光洒在父亲清瘦的脸上，使他显得气色很好，我们又打开话匣子聊了起来。我问父亲，我回来的这一周，家里隔三差五地总有几个人来找您谈字体的事，这是啥事啊？父亲没有回答我，面对着太阳眯起了眼睛。当时周围很静，只听到微风吹着树叶的沙沙声，远处传来一两声汽车的鸣笛声。

1990 年，邢峥（左）陪父母去青岛休假

许久，父亲才睁开眼睛喃喃自语：“要救，再不救就来不及了。”然后叹了一口气。由于我当时不明就里，有点丈二和尚摸不着头脑，这个话题就没有继续下去。事后我才知道，以前印刷字体没有统一标准，20 世纪 50 年代，父亲受命负责规范印刷字体，他当时组织了一大批全国最好的字体专家，集百家之长写出了一套标准印刷字体，一直沿用至今。父亲是一个唯美主义者，当年由于任务重，时间紧，这套字体或许没有完全达到他心目中的标准，留下了某些遗憾，所以已到耄耋之年的他还想为中国的印刷字体弥补上这个遗憾。来我家的这些老人 20 世纪 60 年代正是和父亲一起为规范印刷字体工作的专家们，但父亲很遗憾其中一些专家都已经凋零……现在回想起父亲的沉默和长叹，大概他老人家也

汤季宏与外孙安安

已预感到自己来日不多，无法完成这浩瀚的工程，无法了却这个夙愿了吧。真的是，不久父亲就因肺部感染住院、不治，离开了我们。

父亲虽然走了，大家都没有忘记他，他的老战友、曾经一起工作过的同事十几年来一直用不同的方式纪念着他。司机王叔叔每到父亲生日、祭日，无论刮风下雨，总会来家里在父亲的遗像前坐一上午，默默地喝上一杯茶，抽上几支烟，然后蹒跚着离开，这种干群关系在今天真难以想象，可是在父亲那一辈人里却是司空见惯的。

端起桌上这杯凉透了的清茶一口饮下，在2月的寒夜里我不禁打了个寒战，就像被父亲拍了一巴掌。我懂，是父亲在告诉我，无论何时，这精气神、这热血，在我们这一代不能丢！父辈们做过的事情是伟大事业的一部分，是值得尊敬的，是要传承的。

2016年2月10日

创字范，为人范

——记父亲汤季宏对中国印刷字体发展的贡献

汤小淇

汤季宏之子

出版界的老前辈、我父亲的老朋友王益伯伯说父亲汤季宏是“一个脚踏实地、埋头干事、不善言辞、才华不露的人”。就是这样一个默默无闻的人却在1960年代，主持完成了一件对中国文化出版事业有着划时代意义的工作：整理、创造、规范了我国的汉字印刷字体。

从新中国成立后到1960年代初，我国的印刷字体还一直沿用着解放前的铜模铸铅字，印刷厂刻字师傅们对缺损的活字一般只能修修补补。长期的无规范造字、改字使得印刷字体字形陈旧，杂乱无章。在1956至1959年的三年间，国家连续公布了四批简化字和偏旁类推共计3000字左右，并决定马上在报刊书籍中推广应用。印刷厂的刻字师傅们不仅要在短期内完成3000个简体字和偏旁的刻写，而且宋、黑、楷、仿宋四大印刷字体都必须补换简体字。为了先解决当时的供求矛盾，各家印刷厂不得不把新刻简体字与原有繁体字混排使用，使得在同一印刷版面上常常出现印刷字体大小不均，着墨颜色深浅不匀的问题，严重影响了出版印刷物的质量。

1950 年代中期，我父亲出任上海市出版局党组书记兼副局长。作为主管印刷业务的领导，他把主要精力集中在发掘、保护传统的印刷技术，提高印刷品的质量上。在他的积极主张和推动下，“朵云轩”在 1950 年代中建立了木刻水印工场，它所印刷的名人、名家字画几可乱真。采用传统木刻水印法印刷的《怀素草体》、《千字文》等碑帖还被国家领导人作为国礼赠送给外国元首。与此同时，父亲还直接主管印制了大批技术水准很高的经典出版物。其中《上海博物馆藏画》、《宝晋斋法帖》、《苏加诺总统藏画集》等一批精品还参加了 1959 年莱比锡国际书籍艺术博览会。至今仍堪称精品的《上海博物馆藏画》和《苏加诺总统藏画集》更是以印刷精美、装帧华丽而获得了金奖。但很遗憾的是，当时国际上的印刷同行对我国书籍印刷字体方面的评价很差，因为与其他参展国家的书籍比较，我们的主要缺陷是版面的横排字高低不齐，墨色不均；竖排字歪歪扭扭，不成直线。中国作为活字印刷的发明国却在字体印刷质量方面与别国差距那么大，这件事给了我父亲及国内印刷界很大的刺激，他深深地认识到进行印刷字体的标准化设计与制作的重要性与迫切性。当时原出版总署署长胡愈之先生来上海为此专门开会时提到“我们应该自己动手整理并创写新字体”。父亲义不容辞地接受了胡愈老的建议，立刻组织各路专家一起论证。1960 年 8 月，在上海印刷工业公司所属的印刷工业实验室之下成立印刷字体研究室并从出版系统内部调集了三方面人员：其中包括印刷厂八级刻字技工、书法篆刻家、专长美术字的出版社美术编辑等。这三方面的专家汇集了印刷字体设计的核心要求：刻字专家精通印刷字体的基本要求与特点；书法篆刻家了解汉字的传统结构和神韵；美编专注于字体的赏心悦目及美观协调。

印刷字体研究室成立后，父亲曾特意请人腾出局长室楼上的房间作为字体设计人员的设计室，这样便于随时研究讨论工作和调动相关的资源解决问题，也为字体设计工作创造了当时最好的工作条件。他那“老三联人”的认真、深入、细致的工作作风给当时参加工作的同志们留下了深刻的印象。

父亲和专家们通过夜以继日地研究讨论后，共同确定了“整旧创新并举，由整旧起步，逐步向民族化、群体化、多样化的字体设计创新发展”的工作方针。并且对整个过程进行了科学的指挥和精心的安排。首先是广泛搜集当时上海各印刷厂在用的活字字体，分类装订成册。接着又把上海图书馆收藏的数百种字体版本摄成微缩胶卷，供字体设计人员参考选择，先后试写了 50 多种字样，编成《印刷新体活字字样样本》。随后再组织研究室内的各方专家共同评议商榷，这不仅是各方成员相互学习探讨，相互沟通研究的过程，而且更是为每一个字体设定标准、统一规范的过程。这也就是多位字体专家一起合写一套含上万字的字体却仍能保持统一风格的原因。

1961 年，我父亲更进一步规划并成立了上海印刷技术研究所。他全力支持印刷字体研究室的工作，陆续又从上海的各家出版社、印刷厂、新华书店及出版印刷学校等单位招集了三十余人充实字体设计部门，分成宋体、黑体、楷体及后勤四个小组，根据急用先攻的原则，全面展开字体设计工作。经过两年多的辛勤努力，我国第一套整修设计，创写制作的标准化、规范化印刷字体“宋一体”设计成功。该套字体含简繁体字约 18000 字，字形挺拔秀逸，具刀刻风格。但是一种字体并不能完成一个基本版面的印刷，因而和“宋一体”字数相同的配套黑体字“黑一体”也很快完成了。这两套字体的推出，满足了当时印刷《辞海》、《毛泽东选集》的标题和正文的急需。

为了使汉字印刷字体有统一规范的标准，上海印刷字体研究室的专家们还编制出一份《印刷通用汉字字形表》，经核准，由国家文字改革委员会颁布为我国印刷汉字字形的标准模板。成为各种辞书、各类字典等工具书，政治、科技、文艺、教科等书籍，以及报纸、期刊的标准汉字印刷字形。从 1960 年代沿用至今的《印刷通用汉字字形表》就是用“宋一体”和“黑一体”字体模板印制的。由我父亲汤季宏领导完成的这项“整理并创写新字体”的工作对我国语言文字和文化、教育、新闻出版事业的发展具有不可估量的深远意义。

从 1961 年到“文革”初，上海印刷字体研究室的专家们通过几年的努力，又陆续完成并推出了“宋二体”、“宋三体”、“黑二体”、“宋五体”、“仿宋体”、“正楷体”等六种字体。各副字体大多在15000或18000字，少则也有8000字。每幅字体的设计、书写、修正由多人共同完成。这么多的字却必须在大小、结构、重心、粗细、笔形与风格的掌握上达到如出一辙，天衣无缝，这绝不是一件容易的事。父亲作为“总指挥”，经常在下班后又赶到字体研究室，在第一线蹲点，听取专家的意见，协调各种问题和矛盾，与设计人员共同寻找解决难题的方案，一起克服了许多难以想象的困难，并肩度过了不知多少个不眠之夜。

1966年，“文革”开始，父亲被“打倒”，成了“牛鬼蛇神”。他所从事的出版印刷事业被彻底否定。原有的印刷字体设计班子更是被冲散，人员和资料散落到了各处，原来计划创写的新字体包括新字形等的研究工作已无从进行。

十年浩劫结束后，父亲来不及抚平精神及肉体遭受非人迫害留下的累累伤痛，又义无反顾地回到了挚爱的出版印刷事业中。他受姜椿芳同志邀请加入筹备中国大百科全书出版社的行列，创建了中国大百科全书出版社上海分社，从1978年起，建立了完整的《中国大百科全书》的出版印刷、发行工作体系。

在从事大百科全书出版这个浩大工程的同时，父亲也不忘时时地关注着我国印刷字体的发展。由于“文革”的影响，印刷字体研究创新完全陷入停顿。“文革”结束后，印刷字体设计事业也是“百废待兴”。面对这个局面，他在很多场合、多次会议上努力宣传印刷字体规范创新的重要性，呼吁尽快恢复印刷字体发展研究。虽然已近古稀之年，可他总会在百忙中抽出时间去各地参加印刷字体评审、设计研究会，以自己的经验和影响力努力推动中国印刷字体的研究和发展。

进入1990年代后，信息化技术的发展和电脑的使用对印刷字体有了新的要求。父亲在1980年代去国外的交流中，了解到当时先进国家已经进入到数字化出版阶段，而我国出版业大部分还停留在纸笔编辑，传统铅字、照相排版印刷阶段，电脑激光汉字照排技术尚未成熟。他认识到，先进的电脑、数字印刷设备硬件可以从国外引进，但是运行这些硬件设备必须的软件——数字化的汉字库是买不到的，必须国内自己做。总是希望自己能与时俱进的父亲，开始很认真地研究这个问题。他与我国激光汉字照排系统的创始人——王选教授联系，了解到当时国内在汉字数字处理软件技术方面已经有突破，但电脑字库中的字体，无论是字形、字体都还远远无法达到印刷质量标准。为了搞清问题原因，他曾让我陪他去外地考察了国内仅有的几家数字化印刷汉字字体制作企业。他听介绍，下车间，仔细了解使用电脑制作每个字体的过程，发现他们用第一套标准印刷字体为母版制作数字化字体存在很大的局限性，机器输出后的效果无法满足专业印刷的要求（后来我们翻阅有关资料了解到，由于第一套印刷字体是由旧字体整旧创新而成，无论从字型结构还是整体上都有着无法避免的缺陷，特别是作为电脑输出字体使用时，更难适应各种变形需求）。

1996 年，汤季宏（前排左三）80 岁生日时，与立新字体研究所的部分专家和同事合影

看到原有的汉字字体问题成了阻碍中国文化出版印刷业进步的障碍，他又开始焦急起来，认为有必要尽快设计一套全新的字体母版，来适应日新月异的电子时代。对于父亲来说，这又是一个全新的开始。

1980 年代中，临近离休的父亲向上海市语言工作委员会提出了组建上海市印刷新字体设计制作研究所（后改名上海立新印刷字体研究所）的建议获得批准和支持。自此，在一间借来的办公室兼车间里，已 70 多岁高龄的父亲为了中国的印刷字体发展事业又开始了新的创业。

父亲把原上海印刷字体研究室的一些老专家们重新召集起来，新的研究所很快聚集起一批和他志同道合的同事，其中大部分是老一辈的资深专家，更有多位是中国现代印刷字体设计的开创者。他们经过十年“文革”，大多已逾离退休年龄，但为了一个共同的目标，研究所的全体同志不计报酬，用他们的余热全心全意地为中国的文化事业发出最后的光亮。父亲在主持上海立新印刷字体研究所的头几年，几乎又回到了1960年代初开创印刷字体研究室的岁月，白天他找字体专家们开会讨论设计方案，家中的客厅也是他们的会议室。晚上父亲还要出去为研究所筹集经费。1996年底，经过八年多默默无闻的艰苦努力，上海立新印刷字体研究所的专家徐学成、周今才、钱惠明终于创新设计出了三套印刷字体母版：钱版宋体、周版仿宋体、徐报版工具书宋体，共计5.5万字，受到出版印刷业界的很大关注。这三套用他们最后的努力创新设计的字体母版，是中国印刷字体事业的宝贵财富。

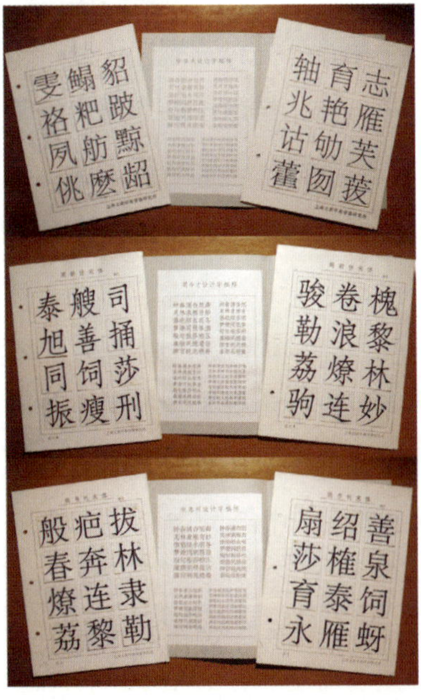

字体稿（作者从上到下依次为徐学成、周今才、钱惠明）

按时下流行的话说，父亲是个低调的人，在我们从小到大一直以来的印象中，他是个爱孩子的和蔼父亲，即使我们再调皮他也不生气，总会像对大人那样给我们讲道理。给我们印象最深的就是他的朋友、同志从来都可以不打招呼随时来家里，吃饭时就一起吃饭，外地来的客人，经常还会住在家里，父亲与他们的关系比亲人还亲。我们很少在他嘴里听到他说过去的事，只是在他身后，我们在整理他的档案后才知道，他就是用他的“低调”的一生除了做规范字体和百科全书两件大事外，还完成了许多对国家、民族很重要的开拓性的事业和工作。新中国成立前，父亲在抗战期间加入中国共产党，受组织委派在上海新知书店工作，和同志们一起组织随军的苏北大众书店，负责将书籍运输到根据地。在新四军上海办事处领导下在敌占区建立秘密机构,开辟主持地下水陆交通线，为新四军、根据地运送人员及采办运输大量的经济、战略物资，出生入死地战斗在敌人心脏里。新中国成立后，他受命接收旧上海的新闻出版业,认真贯彻执行党对文化出版工作的方针政策，努力团结爱国民主工商人士，顺利完成了对上海私营出版业的整顿与改造。1950 年他奉调去北京的国家出版总署工作，参与建立新中国新闻、图书出版发行管理机构的规划工作。两年后他又调回上海主管华东和上海地区的宣传出版管理工作，主持上海市出版局和属下的几家出版社——上海人民出版社、上海文艺出版社、古典文学出版社（现古籍出版社）等的组建，作为上海市出版局的实际领导人，和同事们一起完成了新中国成立后上海出版印刷机构体系的组建。1960 年代，他就积极倡议建立上海（福州路）文化一条街并且亲自协调相关部门，通过组织设立多家书店（朵云轩、古籍、外文、科技等）使其初具规模。他还坚持主张努力培养印刷出版专业人才，积极支持在上海创办出版、发行、印刷专科学校。他刻苦学习，努力工作，深入实际，事必躬亲，干一行，精一行，成为我国出版印刷业务管理方面的专家。

设计印刷字体母版，也就是为印刷字造“范”。在生活中，父亲一直也是我们的“范”：他一生脚踏实地，埋头苦干，淡泊名利，诚恳待人。他的“范”是留给我们最宝贵的精神财富。

2012年12月完成初稿

2016年1月修订

（本文中部分史料摘录自徐学成、车茂丰《记上海印刷技术研究所对汉字印刷字体规范化设计与制作的贡献》一文）

我心中不灭的神灯
——回忆我的父亲汤季宏

汤小辛

汤季宏小女

2012年9月6日，是我的父亲汤季宏离世10周年的忌日。那一天，我和哥哥姐姐回到父亲的故乡洞庭东山去看望他。父亲的墓前堆砌着几本汉白玉雕成的书籍，被日前的雨水冲刷得洁白；哥哥为父亲点上了一支烟。我静静地注视着一缕青烟顶着湿热的潮气顽强地上升，贪婪地吸了一口气：这是书和烟的混合味，父亲的气味。我的心不由自主地收紧：十年了，父亲，只有在你的墓前，我才真真切切地感觉到你的离开。实际上，父亲离世前的十几年，我们都没有生活在一起：我在美国留学立业，养儿育女；父亲在上海的居所和医院之间却慢慢地老去。虽然我每年也带着孩子们回家，让父母享受儿孙绕膝的热闹，但每次都是来也匆匆，去也忙忙，热闹之后，留给他们的是更深的寂寞。我曾跟父亲许诺我会回去陪他，一厢情愿地希望父亲会等我孩子长大了以后才需要照顾。我相信父亲如果可以选择，他一定会等我。

可是上天没有恩赐给我这样的机会：父亲病危我赶到他床前时，他已经昏睡了好几天，我握着他的手在他的耳边报告我的归来，却惊奇地感到父亲捏了捏我的手，我就一直拉着他的手，期盼着他会好起来。可是奇迹没有出现，三天后，父亲走了。我永远没有照顾他的机会了……

我是父亲的小女儿，出生时，父亲已经46岁了。其实，在10岁之前我的脑海中，都搜寻不到关于父亲的整片记忆。我两岁时，父亲和母亲都带队去参加“四清”运动，不得不把我和四岁的哥哥一起送进了全托制幼儿园。那年代没有双休日，我们星期天回到家里，记得能见到妈妈，却不一定看得到爸爸。一年后“文革”开始，家被兜底抄了13次，连爸爸妈妈都不见了。爸爸从家里被带走隔离时拜托他年逾古稀的父亲：“请帮我看好两个小囡。”于是，祖父就不离不弃地带着幼小的我们捱过了没有父母、颠沛流离的岁月。我看到别人吃雪糕，就回家跟祖父要，“等你爸爸回来给你买。”哥哥想要一杆红缨枪，“让你爸爸回来教你做。”祖父嘴里的“爸爸”成了我心中无所不能的“神灯”，我天天盼着父亲回来。1972年，父亲终于解除隔离回家了。我见到的是一位头发花白的老头儿。

父亲解除隔离回家以后，组织关系被挂在上海新华书店，每月五十几块的生活费是要去新华书店领的。开始是妈妈去拿，可是她不愿看某些人的脸色，爸爸妈妈于是就决定让才10岁的我去领工资。每月的5号，爸爸把我送上26路电车，我一路坐到

1974 年，汤小辛与汤季宏摄于上海复兴公园

终点站海关下车，新华书店总店就在车站的边上。我拿了爸爸的工资，藏在书包里，坐车返家时，爸爸还在车站等着我。我们俩就沿着淮海路往西走，爸爸有时会在光明邨饮食店买一个素包子给我，有时会在“培丽”（全国土特产商店）买一包杨梅干给我。那时爸爸高兴的时候不多，但他看到我迫不及待数杨梅干的馋样就会笑。我喜欢爸爸笑，这是我儿时最窝心的记忆。

向往真理，追求理想

1977 年 1 月初，“四人帮”刚倒台没几个月的一个晚上，家里突然来了一位客人，他是父亲高中时的同窗和挚友——林乎

1982 年，汤小辛与父母和哥哥摄于家中

加同志。林伯伯那时作为中央派驻上海工作小组的主要成员之一，并任中共上海市委书记。爸爸妈妈见到林伯伯真是惊喜不已，因为父亲那时已经 61 岁，仍旧靠边站着，没有被平反，也没有工作。

林伯伯年龄比父亲小一岁，可是父亲一生都把他看作政治上的启蒙者和良师益友。1935 年，父亲进入青岛崇德中学继续他的学业。父亲曾写道："不久，林乎加同志也来到了崇德，由于乎加同志的随和可亲，以及他过人的观察力和政治修养，很快吸引了我。我们朝夕相处，他引导我读了很多进步的书籍，为我解答了许多我过去不能理解的政治和社会现象方面的问题，对当时蒋介石领导的政府也开始质疑。1932 年我在上海当学徒期间，目睹了上海工人武装起义，经历了'一・二八'抗战，但由于国民党军阀政府的白色恐怖，我平时并不敢多问这方面的事情。西安事变以后，在乎加同志积极热情的引导下，我开始参加学校抗日救亡运动，在青岛《明报》的文艺副刊发表文章。从那时起，我意识到真正能拯救中华民族的巨大力量是中国共产党。我找到了生活的意义，积极向往真理，要求进步。与乎加同志相处的一年多，他在政治上给我的帮助是巨大的。”父亲在他 1965 年写下的简历中，清晰地记下了林乎加同志对他的影响。实际上，林伯伯也是让父亲踏入出版界的一个关键人物。

1937 年卢沟桥事变以后，林伯伯离开学校去胶东参加抗日游击队，父亲则回到上海，加入了中国共产党领导的抗日救亡组织——新文字研究会。回上海后不久，父亲就接到林伯伯请他邮寄一些进步书籍的书单。于是他到处采购这些书。开始还能打包邮寄，后来国民党政府严查，父亲就把书拆了夹在信里分批寄去解放区。最后这些方法都不行了，他就只能用薄信纸手抄《论持久战》、《新民主主义论》，夹在信里寄给在抗日前线的林乎加。就在父亲为这件事伤神时，1939 年，刚刚入党的父亲经“新文字研究会”的一位好友——王益同志的引荐，进入新知书店在上海设立的一个办事处工作。当时新知书店是共产党的一个秘密出版机构，主要任务是用中国出版社名义重印延安出版的各种文件和领袖著作、社会科学理论读物和《解放》等党刊。

“我是以万分高兴的心情参加了书店的工作”，父亲在简历里写道。从那时起，他不仅可以利用书店已有的运输渠道运送书籍给在胶东鲁南八路军支队的林乎加，而且还受三联书店党组织的委派，在苏北新四军解放区筹建了大众书店。随后，他又受新四军上海办事处的领导，在上海从事秘密工作。往返于上海、浦东和苏北沿海沿江一带“跑单帮”，开辟从苏区到上海的秘密水陆交通线。他的任务从初期单纯的书籍运输，扩展到为解放区采购，运送印刷机、印钞纸、棉布、染料、药品等军需物资。同时还从上海把一批又一批的爱国青年与学生带入了抗日根据地。

我记得父亲不止一次提起，他那时做的是“脑袋吊在裤腰带上的事”。1944 年，父亲被内奸出卖，在上海遭日寇逮捕，在衡山路 10 号的日本宪兵队总部被关押拷打了 40 天，后经党组织营救出狱。1947 年，他所在的地下组织遭国民党特务破坏，父亲再次被捕，三日后他机警脱逃。父亲两次被捕出狱以后，都被他的上级组织立刻送入根据地或解放区一边学习,一边接受审查。通过审查后，他又被再次派回上海继续他的地下工作。但是父亲两次被捕的经历，在新中国成立后，却成了他每次运动中被冲击的源头和政治上不被信任、不受重用的理由之一。“文革”中，父亲更是蒙受了不白之冤，被定性为“叛徒、特务和走资派”而开除了党籍。

林伯伯来我们家的那个晚上，和我的父母聊了很久。他离开以后，我觉得父亲好像如释重负，他虽然已经年过花甲，但又看到了能重新为党、为国家工作的希望。1978 年，父亲被正式平反并恢复党籍。

桑榆虽晚，微霞满天

同年夏天，首倡编辑出版《中国大百科全书》的姜椿芳同志认为父亲是一位理想的人选，力邀他加入筹备中国大百科全书出版社的行列。姜伯伯是父亲的老朋友，父亲非常敬仰他的学识和尊重他的人品，于是欣然接受了他的邀请，出任中国大百科全书出版社上海分社党组副书记、社长的职责。

上海分社初创之际，办公室借在人民广场上海市政府原办公楼里。总编、编辑、校对、印刷，统统挤在几间办公室里面。于是由父亲主抓的上海分社基建工程筹备小组就搬到了我家的客厅里。有好长一段时间，家里的老保姆每天中午都要准备七八个人的午饭。

作为一个出版家，父亲一生的梦想就是在上海建一座集出版、印刷、书店、住家、学校为一体的文化出版卫星城。在为上海分社选址的时候，他不畏寒暑，穿着胶鞋，带着基建小组的成员跑遍上海的周边地区，到处寻找一块能盛下他梦想的宝地。他最后看中了古北路、仙霞路上的一片占地约几十亩的农田和坟场。“看中”还只是一厢情愿的事，为了让这块宝地成为上海分社未来的家，有一段时间，父亲天天晚上泡在时任上海市基本建设委员会主任、党组书记的鲁纪华同志家催批文。鲁伯伯没下班，父亲在他家的客厅一等就是几个小时。在他的不分昼夜的奔波下，不到半年时间，上海分社就开始动土兴建。我曾经跟父亲去过一

汤季宏在美国访问时所摄

次建设中的工地，那时的古北路、仙霞路，不但没有如今动辄几万人民币一平方米的古北新区，而且连一条宽阔平整的柏油路都少见。几十亩地有多大，我没一点概念，只记得是一片一望无际的烂泥地。父亲让我帮他撑着图纸， 在走一步滑一滑，走两步拔一拔的泥泞工地上，兴致勃勃地介绍着上海分社的未来家园——前边是四层高的百科全书编辑大楼，右边要建一座两层办公楼专门给印刷发行部；编辑大楼的后面一大片空地是要用来建职工宿舍的；再后面的整片地，是百科全书的印刷厂……

父亲想要做的事情，再难，总会想尽一切办法完成。两年后，上海分社的办公大楼和职工宿舍正式落成。最令人不可思议的事是，为了保证百科全书的印刷装订质量和速度，他居然把一座印刷厂的设备和职工，从安徽皖南山区整个迁回上海。父亲是印刷方面的专家，他对字体、排版、油墨、纸张的要求非常的高。当时坐落在黄山脚下的海峰印刷厂是上海的一个“三线”企业，曾经担负印制《毛泽东选集》，并承印全国高考考卷，印刷技术力量较强。这个厂的技术骨干许多是1950年代上海印刷业的骨干和印刷学校的专业教师，他们为了支援国家的“三线”建设，在安徽山区艰苦的条件下生活和工作了20多年。父亲也觉得他有责任把这批印刷精英带回上海。他打电话，找关系，还动员当时在徐汇区担任区委书记的妈妈帮他跑腿，去上海的组织、人事、宣传等部门要几十个户口名额。最后，他不仅帮这些技术职工全部落实上海的户口，而且还专门拨出几套职工宿舍给他们安家。

父亲在创建百科编辑大楼的同时，还建造了好几栋职工宿舍楼，这在当时上海人均居住面积不到八平方米的住房状况下，无疑是非常诱人的条件。上海分社也因此从四面八方觅到了很多优秀的人才。安居才能乐业，这是父亲的创业观。短短的15年，74卷的《中国大百科全书》全部出齐。上海分社除了承担部分全书的编辑工作以外，还完成了整套全书的校对、合成、印刷、出版、发行。父亲从上海分社离休时，却没有为自己和家人带来半个平方米的住房。

仁者爱人，智者知贤

父亲1949年5月随军南下进入上海以后，就被任命为上海军管会新闻出版处出版室秘书主任，主管上海大大小小书店的公私合营和整顿，参与上海市出版局和属下的几家出版社如上海人民出版社、上海文艺出版社、古典文学出版社（现古籍出版社）的组建。位于绍兴路上的出版局和上海人民、上海文艺两家出版社的办公用房，都是他亲自选址拍板定下来的。父亲当年的设想是把绍兴路建成出版一条街，把福州路改造成书市。在他的精心策划下，1950年代中期，上海出版局先后在福州路开设了古籍、美术、音乐、外文、科技等特色书店和上海旧书店。父亲天生不是个政治家，做报告演讲不是他的长项，一辈子都没习惯在大庭广众下讲话。他是个创业家，眼光犀利，创意十足；他更是一个实干家，和他一起共事过的同志，都对他深入基层、事必躬亲、尽心竭力的工作作风敬佩不已。上海古籍书店成立时，父亲连书店招牌上选用的字体都要仔细斟酌，最后他力主从鲁迅书稿手迹中选出，使之具有深邃的文化意蕴。1950年代末他主持编辑、印刷和出版《上海博物馆藏画》，向新中国成立十周年献礼。时间紧，任务急。父亲从选画到用料，装帧到印刷，都投入大量心血，力争尽善尽美。妈妈至今都还清晰地记着父亲深夜回家后，在家中拿着放大镜逐寸逐寸看《上海博物馆藏画》印刷小样的情景。堪称精品的《上海博物馆藏画》1959年荣获莱比锡国际书籍艺术博览会最高奖——金奖，至今仍被上海出版界引为骄傲。

父亲从1955年开始，就担任出版局党组书记和副局长。他不仅要管好他最有兴趣的出版、印刷、发行那一摊，还要参与甚至主持大大小小的政治运动，诸如“三反五反”、“镇反”、“反右”、“四清”……运动一个接一个。他根本无力改变“被斗者”的命运，但作为出版局的党组书记，他有时却还不得不向当事人宣读命运判决书。革命的使命感和悲天悯人情怀的冲突，使他一直处在批判与自我批判的境遇里。他跌跌撞撞地跟着形势走，可总觉得自己跟不上时代的步伐：“1956 年私营工商业社会主义改造是在胜利局面下完成的，我认为所有制基本改变了，资产阶级已老老实实地接受改造，以后是埋头建设的时候了，因而看不到社会主义革命和建设时期，在各条战线上还有艰巨复杂的阶级斗争……因此 1957 年反右整风一开始，自己的认识就大大落后于运动的发展。” 1958 年宣传出版系统进行“整风补课”时，他不得不一次又一次地检查：“我许多工作不是从政治效果出发，而是从单纯的业务观点出发，工作上重业务轻政治的倾向长期不能克服……”这段摘录于父亲 1958 年写的检讨材料，可以剖析出他当年在“整风补课”时，被批评为“辛辛苦苦官僚主义”的无奈和矛盾。

在此起彼伏的政治运动中，虽然父亲自己也是那个常常被批评的角色，而且经过 1958 年党内“整风”以后， 他就不再担任出版局的党组书记。但想起那些在历次运动中受到不公正待遇的同事或者下级，尤其是那些已经去世的同志，他总是充满了痛惜和内疚之情。因此，当中国大百科全书出版社上海分社初具规模以后，父亲想尽办法去找回那些在历次政治运动中被发配到穷乡僻壤或大西北的老部下。

杨国明同志曾是父亲的秘书，从新中国成立初期到 1957 年一直跟着父亲，脑子灵，笔头快，为人正直，工作踏实勤奋，父亲很欣赏他。1957 年的一天，他因为解放前的所谓政治问题而突遭逮捕，定性为历史反革命，而且很快就被递解去了青海劳改农场。父亲无能为力地看着他被判刑发配，妻离子散……1980年代初，已经平反的老杨因为没有可以接受他的直系家人而回不了上海。父亲知道以后，一边派人把他从青海劳改农场接回上海，一边想办法把他的户口和工作关系转入上海分社。杨国明回上海以后，白天在分社帮忙，中午跟着父亲回我们家吃午饭，晚上就睡在父亲办公室的沙发上。天冷了，我给父亲买了一条羽绒裤，他嘱咐我给杨叔叔也买一条。周末和节假日，杨叔叔就是我们家的一分子。当他的户口和档案正式转入上海分社以后，父亲说服社里的分房小组，给了老杨一套两居室的住房，看着他重新成了家以后才安心。

诗人罗洛1950年代是上海文艺出版社一个才华横溢的青年编辑，父亲和他工作上的直接联系不多。罗洛结婚后，和父亲合住在一套出版社宿舍。我们家住二楼，他们夫妻俩住在底楼，两家合用一个厨房。1955年，罗洛受“胡风事件”牵连，被隔离审查。当父亲得知罗洛要被发配去青海后，赶快让自己的母亲把消息先透露给罗洛的妻子，希望她有多点的时间考虑自己的未来。罗洛年轻的妻子告诉我祖母：“罗洛去哪里，我也去哪里。”父亲听说后，非常感动。于是他以出版局党组书记的名义向青海方面写了一封信，着重叙述了罗洛的才华和能力，希望他在接受改造的同时还能发挥才能。不知是不是那封信的作用，罗洛到了青海以后，没有被发配到更边远的山区，而是留在了西北高原生物研究

汤季宏与罗洛在大百科上海分社的会议上

所当了一名图书管理员。

20 多年过去了，父亲没有忘记这对年轻的夫妻。1983 年，他得知时任中科院兰州图书馆馆长的罗洛一家想回上海，却面临户口、住房等一大堆老大难问题时，立即指示分社派人去兰州："他是个人才，我们不把他抢来，很快就会被别人抢走。"不久，罗洛一家就搬回了上海，在上海分社的宿舍楼安了家。父亲和陈虞孙等老一辈的领导离休以后，罗洛就接班出任中国大百科全书出版社副总编辑和上海分社的党组书记、总编辑，主持上海分社的工作。

你激励了我

我是一个“60后”，与同辈的哥哥姐姐们相比幸运多了，不必离家上山下乡，高中毕业时国家已经恢复高考制度，就直接上了大学。更幸运的是，在我人生观形成的青少年时期，一直有着父母的陪伴，耳濡目染他们这一代人对信仰的坚持，对事业的执著，对同志的真挚，对个人的自律。我尊重敬仰他们，自然也会受到潜移默化的影响。

1980年代初，我从复旦中文系毕业后，没有通过父亲的关系，而是靠着自己的努力和成绩进了上海人民出版社属下的《青年一代》编辑部工作。父亲非常高兴和自豪。他是一个实干家，也要求他的孩子们有一技之长。在他的鼓励下，姐姐成了医生，哥哥是电子工程师，而我则当了一名编辑。我进《青年一代》以后，父亲就成了我们的忠实读者。我每次带小样回家阅读，父亲不仅很有兴趣地帮我一起校读，而且从封面铜版纸的重量，到印刷字体的选用方式，他都如数家珍，差点把我培养成半个印刷专家。

1988年，在爸爸妈妈的依依不舍中，我赴美求学，从此与他们天各一方。当我在异国他乡忙于追求梦想、成家立业的时候，不知不觉中，我的父母尤其是我亲爱的父亲正在快速地衰老：电话线的那一头，父亲的话越说越少；写给我的信从过去的几页纸变成了歪歪斜斜的一行字。我女儿捷捷是父亲的最爱，出生后不到三个小时，外公就把她抱在怀中。因此我们每年都带着她回去看望老人。有一次，我推着父亲带着捷捷去复兴公园玩，在公园门口见到一老一小两个乞丐跪在地上。我女儿从没见过这情形，好奇得很。正当我在跟她解释时，父亲从口袋里摸出一张纸币交给我女儿，看着捷捷把钱交到那老人的手里。

“捷捷是一个有恻隐之心的孩子，你们不要把乞丐就是骗子那一套灌输给她，她把钱交到那人手上时笑得多开心，这么小的孩子都知道施比受快乐，你一定要好好地爱护、鼓励她。”坐在复兴公园的长凳上，父亲语重心长地对我说。

我们这一代人是经过“文革”洗礼的，身为老党员的爸爸妈妈也从未把“仁义道德”四个字挂在嘴上来教育我们，要求我们。但他们的言传身教，不仅让我们学到了“苏世独立，横而不流”的做人准则，更让我们的下一代也受益于他们的榜样，以谦逊和感恩之心作为快乐的源泉。

1994 年，汤季宏、邢至康夫妇探望出生才三个小时的外孙女捷捷

在我的内心深处，并没有觉得父亲离我很远很久。在我彷徨失意时，我仍希望听到他的建议；在我欣喜得意时，我更渴望向他禀报与他分享。我

们虽然无法再见面，但他仍然还是我心中那盏不灭的“神灯”。

父亲没有留下自传，也不要别人为他立传。这是十年来我第一次写我的父亲。在回忆父亲点点滴滴的过程中，有一首歌一直回响在我的耳边，我愿以此作为本文的结束语：

You Raise Me Up

你激励了我

When I am down and , oh my soul , so weary ;
当我失落的时候，意志也日渐消沉；
When troubles come and my heart burdened be ,
遇到困难时，我心如重负，
Then , I am still and wait here in the silence ,
然后，在寂静中我平静地期待，
Until you come and sit awhile with me .
直到你来临，并与我小坐片刻。
But when you come and I am filled with wonder ,
但当你到来的时候，却令我惊讶不已，
Sometimes , I think I glimpse eternity .
有时候，我相信我瞥见了永恒。
You raise me up , so I can stand on mountains ;
你激励了我，所以我能站在群山之巅；

You raise me up , to walk on stormy seas ;

你激励了我，让我能渡过暴风骤雨的海；

I am strong , when I am on your shoulders ;

当我靠在你的肩上时，我是坚强的；

You raise me up… To more than I can be .

你激励了我……让我能超越我自己。

2012年12月于美国加州

缅怀妈妈叶世锜、哥哥汤季宏

汤绍涵

汤季宏之妹

日本军国主义当年发动的侵略战争，给我国人民带来了空前的灾难和浩劫，我的母亲虽是一个家庭妇女，但也没有躲过这一劫。她姓叶，名世锜，生于1893年10月，缠过小脚，初小文化水平，但能看报、写信、记账，还识大体。上海沦陷，父亲失业，因租不起房子，只好寄住在卡德路（今石门二路）祥福里32号舅舅家。我们一家六口挤在二层阁楼内。大哥汤季宏1939年参加了新四军，家里靠大姐汤群做代课老师的微薄薪水维持生活，经常是吃了上顿没有下顿。1941年大姐也跟着大哥参加新四军去了苏北。为了抗日救国，我妈妈含辛茹苦，让大哥和大姐战斗在抗日第一线。

1940年前后，哥哥到江南做地下工作，他跟妈说："我们现在做的抗日工作，过的是供给制生活，无法资助家里。"妈妈却认为，你们抗日也不要一人在外面东躲西藏，可以到家里来，我们一起干。这样，哥哥就常回家，把家当作他的工作场所。有时约些同志来家里开会，有时把一些抗日物资藏匿在家里。母亲经常给他们放哨望风，也用过在窗台上放花盆的办法传递信号，保证了地下活动的安全。

我那时只有七八岁，在哥哥的挚友、翻译家草婴先生的帮助下做报童，与妈妈一起卖报度日，其中还给住在上海的苏联人提供报纸。有一天，妈妈在卖报时被抓走，关在日本宪兵队的监狱里，见到被抓进去的许多人中有我的哥哥和他的朋友。敌人逼妈妈指认儿子，她始终不承认认识他。敌人严刑拷打她，她始终装傻不知是什么事。后来哥哥被地下党的同志营救出来了。妈妈被关了几个星期后也被放了出来。这次遭遇更激励了她的斗志。在哥哥的另一位挚友、语言学家倪海曙的资助下，我们在现今的南京西路石门路口止威约房门口摆了一个书报摊，利用报刊、书籍夹带情报，还把三联书店送来的《新华日报》、《群众》等进步报刊卖给进步人士，扩大了我党的宣传阵地。

原来住的二层阁楼已无法开展工作，我父亲出面在西宝兴路汉兴里 3 号租借了一幢老式石库门房子。母亲带着弟弟替地下党同志做饭洗衣，有口饭吃， 不拿工资。对外像个家庭。哥哥不断为新四军输送人员，还将在沪暴露身份的地下党人员转移到根据地。妈妈给他们安排吃住，照顾他们。这些青年男女也亲热地称我母亲“妈妈”、“伯母”。我母亲经常主动和邻居交往，房子的右边住着民主党派领袖楚图南，左边住着一个国民党的“包打听”。就在这样的环境下，哥哥他们把在上海刻好的抗币模版、做武器的无缝钢管、布匹药材及其他物资以及在书报摊搜集到的情报，源源不断地输送到新四军根据地去。抗日战争胜利后，我们一直坚持到上海解放。由于隐蔽工作做得好，周围邻居和正威药房的职工都没发觉我们的身份。解放后待党组织公开时，大家才恍然大悟。

邻居曾经问我母亲，你怎么有这么多孩子？母亲总是很镇静、大方地回答：“他们都是我的侄子、侄女、外甥。他们到上海和我儿子一起做生意，没地方住，我留他们住在我家里。”上海解放后，哥哥参加了接收上海出版系统的工作，后担任上海市出版局副局长。大姐回上海参加了接收中国银行的工作，她今年99岁了还健在。过去妈妈接送过、照顾过的同志，新中国成立后曾任各级领导的有：徐雪寒（外贸部副部长）、王益（国家出版局副局长）、陆明（上海市检察院副检察长）、余瑾（上海市财政局副局长）、金源明（济南铁路局副局长）、蒋建忠（中央人民广播电台副台长）等。

解放后，母亲积极参加里弄工作，被选上了居委会的治保委员，1950年，母亲又鼓励我和弟弟参加抗美援朝，我当了通信兵，弟弟当了防空兵，四个子女都过着供给制生活。有人问她，怎么舍得把两个小的都送上前线？母亲说：“把孩子交给共产党，我最放心。”人们都称呼她“光荣妈妈”。我们为有这样的好妈妈而自豪。

1961 年，汤季宏、邢至康夫妇与母亲叶世锜（右二）、父亲汤介眉（右一）。邢至康怀中的孩子是一岁的儿子汤小淇

1965 年母亲因一场大病故世了，享年 73 岁。今天我们与她离别已有半个世纪，她为党做了许多工作，却不是共产党员。她没有正式被委任的工作，不享受任何待遇，但她忠诚老实、不求功名、不图回报的价值追求，是我们后辈的崇高榜样。

本文原载于《大江南北》2015 年 8 月刊，选用时篇名有改动

汤季宏百年诞辰座谈会

2016年6月29日，东方出版中心召开了纪念汤季宏同志百年诞辰座谈会。中国出版集团、上海市新闻出版局以及东方出版中心的领导和汤季宏同志的生前亲友、同事在座谈会上缅怀和追忆汤老的往昔岁月，纷纷表示要坚持弘扬『大百科』精神、传承薪火不熄。

东方出版中心召开
纪念汤季宏同志百年诞辰座谈会

2016年6月29日，东方出版中心召开纪念知名出版家、资深学者，中国大百科全书出版社上海分社主要创始人之一，《中国大百科全书》的重要奠基人之一，中国大百科全书出版社上海分社原社长、党组副书记、顾问，原上海市出版局党委书记、副局长汤季宏先生百年诞辰座谈会。上海市新闻出版局局长徐炯出席会议并讲话。东方出版中心总经理李智平出席会议并致辞。东方出版中心党委书记、纪委书记、副总经理董玲主持会议，并代表出版界老前辈邓伟志宣读祝词。东方出版中心副总编辑郑纳新出席会议。上海市妇联前主任、汤季宏先生的夫人邢至康，中国大百科全书出版社社长刘国辉，上海出版界老前辈巢峰、夏画，中国大百科全书出版社上海分社和中心的老领导孙立功、徐福生、施伟达、朱效荣、祝新刚出席会议。汤季宏同志的家属、亲朋好友，中心部分青年编辑参加会议。

徐炯在讲话中指出，汤季宏同志一生胸怀对出版事业的无限热爱，为上海出版事业的发展呕心沥血，立下了汗马功劳，作出了骄人业绩，赢得了业内同仁及后辈的尊敬和爱戴。我们要学习和弘扬汤季宏同志坚定立场、坚守阵地、坚持原则的导向意识，学习和弘扬汤季宏同志脚踏实地、身体力行、求真务实的优良作风，学习和弘扬汤季宏同志孜孜不倦、细致到位、追求完美的职业素养。他希望新时代的出版人要团结一心，扎实工作，努力创造出无愧于时代、无愧于人民、无愧于前辈的新业绩，为上海出版事业进一步发展注入强大动力！

李智平代表东方出版中心欢迎与会同志的到来！他指出，我们纪念汤季宏先生，就是要弘扬汤季宏同志对先进文化事业孜孜不倦、矢志不移、坚持不懈的理想主义精神，弘扬汤季宏同志勇于开拓、敢于创新、敢为人先的胆识魄力，弘扬汤季宏同志淡泊名利、甘于寂寞、甘于奉献的高尚情怀。在东方出版中心多位老领导的指导下，在东方出版中心领导班子的支持下，在东方出版中心多位编辑同志的努力下，《隐秘依然璀璨——著名出版家汤季宏的传奇一生》一书于近日顺利付梓出版，这就是我们对汤老的最好纪念！东方出版人要践行中国出版集团“三六构想”，发扬以汤季宏为代表的老一辈百科人理想主义精神、创新开拓精神和无私奉献精神，一路前行不忘初心！

会上，家属代表汤小辛情真意切的致辞、饱含深情的叙述，令全体与会者无不为之动容。在汤老生前亲朋好友自由发言环节，各位老同志以朴素的语言、真挚的感情，深情追忆与汤老共同经历的往昔岁月，重温与汤老共事、共处的点滴往事，使全体与会者深受教育、深受启迪、深受鼓舞。

本次会议得到了出席领导及众位前辈、专家学者的一致好评。上海市社科院原党组书记严瑾说：“我已多年未曾参加过如此有实际质量的会议了！会议过程中，我曾多次热泪盈眶！”上海市宝钢集团原纪委书记肖维新说：“参加完座谈会，我心情久久难以平静。《隐秘依然璀璨——著名出版家汤季宏的传奇一生》一书捧在手心，令我爱不释手！于是我连续阅读直至次日凌晨两点！”《隐秘依然璀璨——著名出版家汤季宏的传奇一生》一书的作者之一沙天行先生于活动次日致电汤小辛说：“昨天的纪念活动很成功！会议的气氛弥漫着一种久违的正能量、一种革命年代的呼唤！”

会上，出席领导及嘉宾欣然挥笔题词。徐炯局长题词：继承传统，坚守责任。夏画同志题词：汤季宏是我们敬崇的出版家和领导人。永远怀念您！

纪念活动落幕，传承薪火不熄。会后，东方出版人纷纷表示：要从本次纪念活动中汲取精神源泉和前进力量，在推动中心事业良性、可持续发展的过程中，坚持不懈学习、矢志不渝传承、全力以赴践行、持之以恒弘扬“大百科”精神！这是我们的历史责任，更是对老一辈出版家的最好纪念。

新闻来源：东方出版中心

图记汤季宏同志百年诞辰座谈会

2016年6月29日，汤季宏同志百年诞辰座谈会在东方出版中心举行。中国出版集团公司领导和中国大百科全书出版社社长刘国辉同志专程从北京赶来上海参加会议。上海市新闻出版局党组书记、局长徐炯同志也出席了座谈会。出席会议的还有当年各个时期和汤季宏同志一起工作的巢峰、孙立功、施伟达、徐福生、朱效荣、陶家祥、朱荣丹、陈佩兰、徐兆男、李子龄和王克强等老同志以及汤季宏同志家属、亲朋等近百人。

徐　炯

上海市新闻出版局局长徐炯在讲话中指出，汤季宏同志一生胸怀对出版事业的无限热爱，为上海出版事业的发展呕心沥血，立下了汗马功劳，做出了骄人业绩，赢得了业内同仁及后辈的尊敬和爱戴。上海的出版同仁要学习和弘扬汤季宏同志坚定立场、坚守阵地、坚持原则的导向意识，学习和弘扬汤季宏同志脚踏实地、身体力行、求真务实的优良作风，学习和弘扬汤季宏同志孜孜不倦、细致到位、追求完美的职业素养。

东方出版中心总经理李智平在座谈会上发言："纪念是为了更好地传承和弘扬，我们纪念汤季宏同志就是要为了进一步学习汤老对先进文化事业孜孜不倦、矢志不渝、坚持不懈的理想主义精神。他始终把大百科的事业作为神圣的使命和终身的事业来干。我们纪念汤季宏同志，就是要进一步弘扬汤老勇于开拓、敢于创新、敢为人先的胆识和魄力。汤季宏同志既有革命家的胆略和远见，又有出版人的精明和细致，他是一位懂出版的政治家，又是一位讲政治的出版家。"

李智平

座谈会由东方出版中心党委书记董玲主持。

董　玲

在座谈会上与来宾们一起回忆和分享
汤季宏同志生平事迹的还有：

20世纪50年代初与汤季宏同志共事，80年代随汤季宏同志一起创立中国大百科全书出版社上海分社的老出版人孙立功

50年代初与汤季宏同志共事的上海辞书出版社原社长、老出版家巢峰

作家丁言昭代表她父亲，著名出版家、作家丁景唐在会上发言

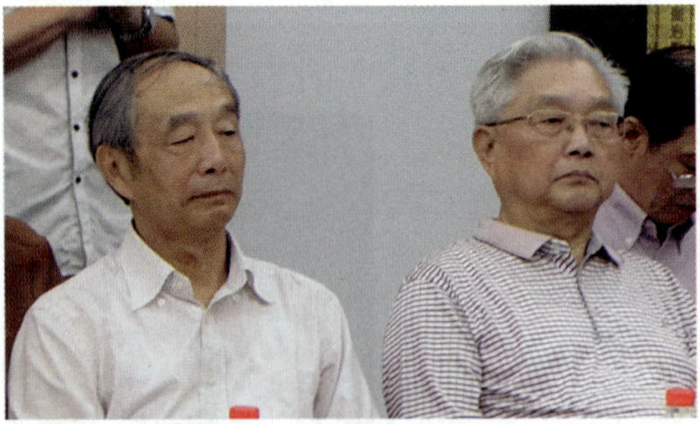

原中国大百科全书出版社上海分社社长兼总编辑徐福生（右）、东方出版中心原副总编施伟达（左）也在座谈会上与来宾们分享了他们与汤老共事时的许多感人的细节

汤季宏的小女儿汤小辛代表家属在座谈会上与来宾们一起追忆老一辈出版家们对中国出版事业的无私贡献

参加汤季宏同志诞辰一百周年座谈会的还有：

汤季宏同志的夫人邢至康

东方出版中心副总编辑郑纳新

老出版人，原上海《青年一代》杂志总编辑夏画

东方出版中心原副总编辑朱效荣（左）和祝新刚

汤季宏夫人邢至康与原中国大百科全书出版社上海分社的老员工叙旧问候

陈佩兰（左）与徐兆男（中）

从左至右：肖一雁、刘丽星、朱海莉、邢至康、毛晓雯、徐芷林

从左至右：张小平、庄彦、施伟达、邢至康、刘丽星、汤小辛、朱效荣、张骏

朱荣丹（左）与邢至康

汤小辛整理编辑

最后的致敬

——汤小辛在汤季宏百年诞辰座谈会上的发言

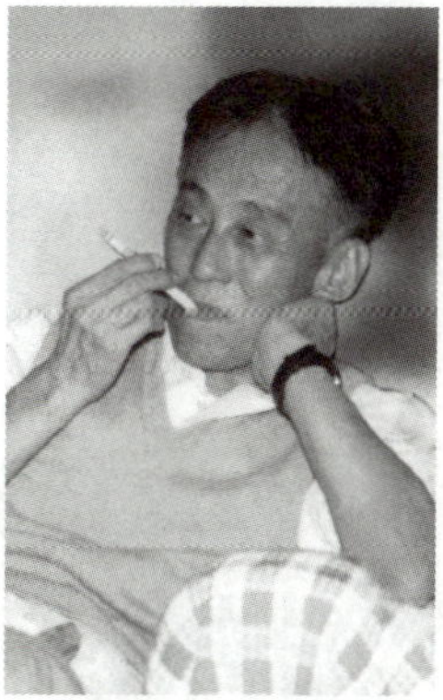

今年是我父亲汤季宏诞辰一百周年。感谢东方出版中心对我父亲以及他那一辈老出版家的敬重之举：他们不仅为我父亲出版了《隐秘依然璀璨——著名出版家汤季宏的传奇一生》纪念集，同时还在今天，2016年6月29日主持举办了这场“汤季宏百年诞辰纪念会”。

爸爸是何等的幸运，在他去世十几年之后，还有那么多和他当年一起创建大百科全书出版社上海分社的老同事记着他：在今天的会场上我见到九十多高龄的孙立功叔叔、朱荣丹阿姨和陶家祥先生，我也看到爸爸很多已经凋零的老朋友、老战友的家人和小辈。历史从来就不是一个断面，而是一个承前启后的过程，因此我想利用今天这个发言的机会，不只是向我的父亲汤季宏，更是向父亲那一辈人致以最高的敬礼：希望他们对信仰的坚持，对理想的执着以及对国家民族的忠贞精神能够长久地传承下去。为了今天这个发言，我和我的家人准备了幻灯片。这里每一张照片的主人，都是我父亲的战友或者同事，他们是父亲璀璨生涯中的一个基点、一块积木，更是今天纪念会应该被感恩和致敬的先辈。

章　早

章早（本名：张志浩），我父亲1938年在新文字研究会参加革命时的入党介绍人。父亲也是由章早引领加入新知书店，由此开启与出版事业的终身之缘。遗憾的是，章早1945年病逝在苏中解放区。

徐雪寒

徐雪寒，1926年加入中国共产党，新知书店的创办人之一，我父亲在上海从事地下工作时的直接领导，也是他和战友们永远尊敬的“徐大哥”。抗战期间，徐伯伯在华中局情报部配合部长潘汉年工作，同时从事抗日民主根据地的财政经济建设。新中国成立初期，他曾任华东军政委员会财政经济委员会委员，为恢复华东地区的交通运输、疏通内外贸易诸方面做了很多开创性的工作。1955 年，时任外贸部副部长的徐伯伯受“潘（潘汉年）杨（杨帆）事件”牵连，被隔离审查关押，蒙冤 26 年。1982 年起在国务院发展研究中心工作，1996 年离休。

王　益

王益，当代著名出版家，原国家出版局局长。他从 1939 年与我父亲在新知书店同事开始，他们一辈子都是最默契的搭档，用王益叔叔的话来形容就是“我们俩好像是可以互相替换的干部”。

俞鸿模

俞鸿模，1936 年从日本东京明治大学毕业后回到上海创办了海燕出版社。1939 年他由新知书店创办人徐雪寒和华应申介绍，加入新知书店上海办事处。他是印尼华侨，当时他把从家里分得的一万元分家费，一大半给了新知书店，从来不分利润，不拿利息。俞先生进入新知书店后与我父亲相识，他虽然是党外人士，但对周围的党员同志真诚信赖。1944 年，父亲负责的新知运输机构遭日伪破坏，俞鸿模和父亲及新知的很多同志被捕，大家在狱中受尽酷刑折磨四十多天，后在徐雪寒的奔走下才被全部营救出狱。父亲出狱后在上海继续从事地下工作，俞鸿模专心经营他的海燕书店，出版了很多进步文艺书籍，包括《新儿女英雄传》等。父亲常常把海燕出版的书带到解放区，和俞先生保持着真挚的患难之情。1954 年父亲在上海主持出版系统的公私合营工作时，俞先生为了支持父亲的工作，率先把海燕书店合营为公加入上海新文艺出版社，他任职副总编。“文革”一开始，父亲被隔离审查，1968 年俞先生被迫害致死，年仅 60 岁。

姜椿芳

在座老百科的朋友们一定还记得这位看书离不开放大镜的学者——姜椿芳。他被誉为“中国大百科全书之父”。我父亲 1938 年在新文字研究训练班时就结识了时任上海地下党文委会负责人的姜椿芳。1976 年 9 月在上海草婴叔叔的家中，姜伯伯与包括我父亲在内的几位老朋友正式谈起出版《中国大百科全书》的设想和方案。1978 年姜伯伯邀请父亲出任大百科上海分社的负责人。

倪海曙

艾中全

草 婴

倪海曙是中国著名语言学家，成立中国大百科全书出版社的提纲和具体设想就是由他负责撰写并提交国务院批准的。艾中全是新中国成立初期中国商业部物价局负责人。草婴先生是著名的俄国文学翻译家。20 世纪 30 年代，他们和我父亲一样都是热血的抗日青年，白天在上海新文字研究会师资训练班进修，晚上就结伴去难民收容所和难童中学推动拉丁化新文字的扫盲实验和参加抗日救亡运动。新中国成立后他们都成了各自工作领域的专家或学者，但是他们和我父亲彼此之间的友谊没有因为沧桑岁月的洗涤而褪色和疏远，反而是更加信任和坚固。

朱　枫

我记得我们家在每年6月黄梅天到来时总会把毛衣、棉衣拿出来晒晒，这在南方叫晒霉。有一件驼色的V字领羊毛开衫，袖肘处已经磨破，总是由爸爸自己拿出来晒，然后小心收好，他是绝对不许别人碰的。后来妈妈告诉我们，这件毛衣属于一位牺牲在台湾的朱大姐。

朱枫（原名：朱湛之），父亲在新知书店时的同事和战友，也就是妈妈口中的朱大姐。1944年，上海新知书店及地下运输机构被敌人破坏后朱枫和父亲等一起被捕入狱受难。1948年元旦，她受徐雪寒指示，把第二次被捕出狱后的父亲送上了去香港的轮船。因为船上风大，父亲还发着低烧，冷得瑟瑟发抖，朱大姐转身去女厕所脱下这件毛衣为父亲披上。1949年7月她被派往台湾执行任务，1950年牺牲在台北。1995年，我父亲把他珍藏了近半个世纪的毛衣捐献给了浙江镇海“朱枫烈士纪念馆”。

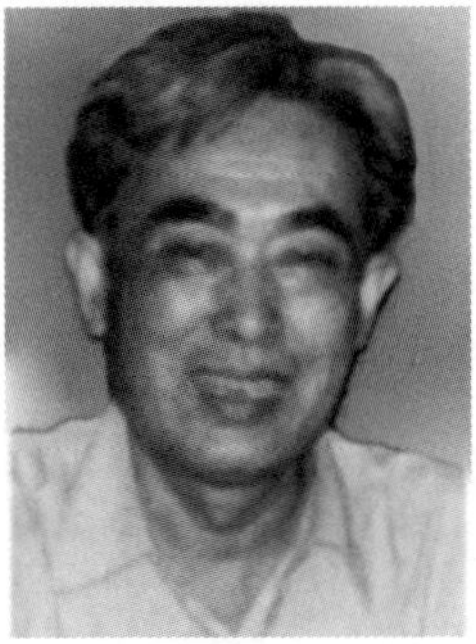
金源明

陆　明

叶肇明

陈耀祖

“文革”后期，当大家被陆续解除隔离审查以后，这几位叔叔常常来我家中和父亲相聚。他们是爸爸40年代在上海从事地下运输工作时的战友。金源明是父亲的高中同学，山东烟台一位富裕船东家的少爷。听爸爸说，金叔叔时常调用家中的运输船为上海地下运输机构工作。如果各位有机会读《隐秘依然璀璨——著名出版家汤季宏的传奇一生》一书的话，其中收入的一篇我父亲的回忆文章“大华事件”中多处提到陆明叔叔，他是父亲负责新四军地下交通运输工作时的助手。叶肇明是我父亲的表弟，他由我父亲引领参加新四军。1944年曾经和我父亲一起被捕入狱。陈耀祖是地下交通运输机构的会计，1947年也曾因“大华事件”而被捕，被国民党关押了数月。他们和父亲在异常残酷危险的工作环境里，出生入死，相互关照，彼此信任，坚守承诺，一次又一次地完成了党组织交给他们的任务。

新中国成立后，父亲回归他喜爱的出版领域，出任上海出版局党组书记和第一副局长，做了很多开创性甚至是里程碑性质的工作。我父亲是一个低调做人、高调干事的人。他很少提及他在出版局工作 17 年里的业绩，但是却非常怀念当年和他一起工作的同事。

石西民

在座的有很多在上海宣传出版系统工作了一辈子的老前辈，可能都认识或是知道石西民这个人。1955—1965 年我父亲担任出版局主要负责人时，石西民是上海市委书记、宣传部部长，我父亲的领导。当时大大小小的政治运动一个接一个，我父亲记忆中的“石部长”坚持原则又不失人情，为了解释一个政策或是决定，石部长常常奔走在报社、出版社的基层编辑部，亲自去他部下的家中探访。他是我父亲一生都非常信任和尊重的老领导。

周新武

这位是周新武先生。建国初期到1954年，他担任华东新闻出版局首任局长和党组书记期间，我父亲一直是他的副手，他们合作无间，为健全上海出版系统一起作出了很多开创性的决定。

罗竹风

20世纪50年代中期，周新武调任中央广播事业局以后，罗竹风继任上海出版局代局长。我曾经听父亲说过，与罗竹风在一起搭档工作的几年，是他在出版局最愉快也是最能干出事情的几年。虽然他和罗竹风在任职期间都不断受到各种运动的冲击和批判，但对彼此的尊重和信任却延续了一生。我记得在70年代中期，罗伯伯的孩子们都不在身边，没人给他做饭，我们家多做了点荤菜，爸爸就会让我乘上公交车给住在高安路衡山路附近的罗伯伯送去。

陈虞孙

1966年，十年动乱开始，我父亲因为在从事地下工作期间两次被捕的经历，成为出版系统第一个被打倒的局级领导干部。直至1978年，他才被完全平反。他参加大百科全书出版社上海分社的筹建工作时已经62周岁了。当他得知比他年长整整一轮的陈虞孙老先生将同他搭档组建和主持分社的工作时，仿佛觉得自己又年轻了十岁，回到了壮年。他和陈虞老分工合作，相互支持。陈虞老负责《天文学》卷的编辑事务，父亲主管分社的基建和《天文学》卷的印刷装帧质量。

王顾明

王顾明，大百科上海分社成立初期的创业者之一，为上海分社的基建批文、征地和资金筹备等做了很多具体和重要的工作。她后来任中国大百科全书出版社顾问。

以下几位是大百科全书出版社上海分社成立以后，我在家中的客厅见得最多的叔叔。

刘祥林

刘祥林，他 17 岁就跟着我父亲从他家乡山东潍坊加入新四军，新中国成立后继续在出版局与父亲同事，百科初创期他又被父亲召集来主管上海分社党务工作。

应诗瑜

应诗瑜，他在 50 年代就被誉为“上海出版局的铁算盘”，大白科初创阶段，父亲到处奔走找地皮、筹资金时，应叔叔总是和父亲在一起，预估计算成本。

刘凯明

刘凯明，出版印刷方面的专家。父亲去世后我曾经去拜访过刘叔叔，他告诉我，我父亲是出版方面的行家，对印刷、纸张、字体、排版的要求特别细致严格。在出版局工作时刘叔叔还年轻，跟着父亲没日没夜地工作。粉碎“四人帮”以后，刘叔叔一接到爸爸请他加入百科工作的邀请电话，就立即赶来帮助父亲筹建分社出版部，他说“跟着老汤做事虽然很辛苦，但是能做得出事情”。

赵志骏

赵志骏，百科上海分社筹建组在人民广场办公时，赵叔叔就是基建组的一员大将，整天在工地和工地之间奔忙。

这些我心目中的百科叔叔，都要比我父亲年轻很多，现在却都已经和父亲相会在天上了。

父亲在50年代末开始主持设立字体研究所，召集各方专家完成了新中国首套标准化印刷字体的设计。“文革”期间，这个项目完全停止。1988年父亲离休以后，又把我国第一流的字体设计专家召集到一起，以争分夺秒的速度，创新设计了三套印刷字体母版。我们阅读书籍刊物、翻阅报章杂志时大多只是注意文章本身的内容，一般不会关注印刷字体的风格和样式，而像钱惠民和周今才这样一代中国最优秀的印刷字体设计大家，却把他们的一生献给了印刷字体研究和设计这样一个默默无闻的千秋大业。

钱惠民

周今才

我今天介绍的所有父辈都已经作古，有些人还没有等到新中国的成立，就已经为他们的理想付出了生命；更多前辈的命运是和新中国的命运紧紧地连接在一起：跌宕起伏一生，坚守信仰一世。他们对民族对国家始终充满着义不容辞的热情，他们留给我们的是力量和信念！他们不能也不应该被淹没在历史的长河中。我非常感恩今天有这个机会和大家一起回忆我们的前辈，这是我对他们的最后的致敬。

孙立功同志在汤季宏百年诞辰座谈会上的发言（节选）

季宏同志是我的老领导，我们相知相处大概五十年，认识是在 1949 年到北京参加第一次全国出版工作会议时。我以后调到上海也一直在季宏同志的领导下工作。记得是在今年（2016 年）1 月份，上海分社的张小平和刘火于同志的女儿等三个人到华东医院去找过我，说是要为汤季宏同志百年诞辰举行一个纪念活动，开一个座谈会，还要出一本纪念集。我当时就想，出版社能够这样做，既是对季宏同志在天之灵的告慰，也是为我们上海出版界的老同志了了一个心愿。为了纪念汤季宏同志，我把我能够想到的事，写了一个专文，季宏同志的这本纪念集里有收录。我今天来这里开会，非常激动，想了好多事，我想主要讲几点：

大百科现在年轻的同志恐怕不知道今天我们开会的这个大楼原来是什么地方，这个地方过去是古北公墓。战争年代，上海有个江亚号客轮被日本人炸沉了，这个江亚轮上好多遇难者就是埋在了古北公墓。大百科全书出版社上海分社成立之初是一无所有、白手起家的。1978 年市政府把这个公墓批给出版社时，我们是人、钱、米都没有。人是好办的，陈虞老和火子同志是上海新闻界的老前辈，季宏同志是出版界的老领导，当时想来大百科上海分社的志愿者很多，可以挑到最好的人才。问题是当时没有办公地方，出版社成立最初我们是借市政府在人民广场的办公大楼的几间房子。后来人多了，房子不够用，我们又在大沽路借了几间民房办公。为了盖上海分社这个房子，汤季宏同志可是想尽了办法。开始是到处找地皮，看中了古北公墓这块地皮，就要申请批文，我记得我陪着老汤一起去找了汪道涵同志三次。大百科的三十亩地造就了今天的那么多房子，季宏同志是花了很多心血和力气的。后来这片地的批文下来，市政府也完成了征地，但经费又成一个大问题。我们当时的经费是由财政部拔给国家出版局，国家出版局再拨给大百科总社，然后总社才给我们。为了这个钱的问题，可是犯难了，老汤通过关系到处去找钱，开始是老汤和我一起跑，后来他帮我联系好了，我去跑，钱后来总算是到位了。出版社盖房子的时候是 1978 年，那时候的经济形势和社会情况不像现在，要造房子很难很难的啊。季宏同志非常会精打细算、非常节约，当时不知道找了多少建筑公司，谈来谈去，价钱都不合适。后来房子起来了，要解决一些办公家具，桌椅板凳总是要的吧？季宏同志说，不能买，买不起啊。要做，怎么做呢？要买木头找木匠来做。我和赵志骏到福建去找木头，还到黄山去找一个老同志想办法，就是这样干起来的。

大百科总社和上海分社的分工是这样的：百科全书的组稿分类分卷主要是总社的事，上海分社的主要任务是百科全书的出版装祯印刷发行。在这段时间，季宏同志几乎是夜以继日地忙碌，呕心揣摩怎么用字、怎么用纸，装帧设计和版式怎么样搞才漂亮。当时我们自己没有印刷厂，要把大百科全书分散到各地印刷厂去印，保证不了质量，怎么办？听说福建军区下面一个印刷厂设备比较先进，我也专门去看了，还是不行。最后季宏同志决定把20世纪50年代从上海搬到三线、在黄山脚下的海峰印刷厂收回大百科，专门印刷大百科全书。季宏同志为百科全书尤其是最初几卷，比如《天文学》卷的出版装祯印刷真是呕心沥血，做了很多标杆性的工作，我当时对他这种工作方法是非常敬佩的。

今天我到这儿来的第二点感触是岁月无情，生命苦短。当年我们一起创办上海分社时，我才50出头，坐在我对面的施伟达还是小年轻呢。现在看看这个会场上，参与筹建上海分社的人员只剩我和小施了，当时主持工作的中层干部差不多都走了，没有人了。在当年那么困难的条件下，这一代人为什么能这么干事情？靠什么？就是靠共产党人的坚定信念，就是靠一种无私奉献的精神。季宏同志有几件事是让我记忆很深的。他非常注意影响，用现在的话说就是廉洁吧。有一件事我记得，有位老同志叫王顺庆，原来是王益同志和老汤在山东工作时的通讯员，后来担任了安徽省贵池地区的区委书记。他到上海看到老汤家和我家没有什么家具，回去就给我做了两个茶几，给老汤两把藤椅。送来之后，老汤就犯难了，给钱吧，王顺庆不要。我就请老王吃了顿饭，临走还送了几条烟，老汤知道后，专门写信给我，一定要把这个香烟的钱也算他一半。

上海分社在进人搞基建的工程中，季宏同志一再强调，绝对不能有任何人在其中为自己捞好处。一旦发现有这方面的迹象，立刻上报，马上处理。

季宏同志待人诚恳，批评人也是直截了当。我和赵志骏同志去福建出差时，我的一个朋友把我们接去厦门玩了两天，我们当然就比原来说定的时间晚了两天回来。老汤知道后就找我谈话了，他说："如果有人把你在出差时受别人之邀出去游山玩水的事情反映了，就不好了。但你也不要在意，就当你为大百科站好最后一班岗。"他是这样批评我的，我也没有什么不服气。

我和季宏同志认识了半个世纪，在当年运动不断的情况下，我记忆中的季宏同志不跟风、不整人！我们在工作中常常有争论，但他不记我的账，他没有给我穿小鞋，这是一个值得我尊敬的老领导。

汤小辛根据座谈会录音整理

汤季宏生平大事年表

（1916—2002）

1916年

1月10日（农历乙卯年十二月初六），汤季宏出生于江苏吴县洞庭东山殿前村。原名汤绍淇。曾用名：汤纪鸿、汤芸生、林桂清等。东山位于苏州城西南20多公里，是延伸于太湖中的一个半岛，三面环水，万顷湖光连天。全镇总面积96.6平方公里。境内自然风光秀丽，人文荟萃，历史文化底蕴深厚，仅明清两代，出自东山籍的状元、进士就达43人之多。

苏州东山街巷

汤季宏出生后由祖父母抚养长大。祖父汤少甫早年游走于乡间以行医号脉为生，祖母主持家务。祖父母共养育了六个子女：汤季宏的父亲汤介眉排行第二，还有一个姐姐、两个弟弟和两个妹妹。大弟幼年夭折，二弟壮年早殁。祖父母对季宏这个长孙十分宠爱，为他起乳名“运孙”，祈望他一生鸿运昌盛。汤季宏对童年所有美好温馨的记忆都有他祖父的影子。

1922–1924年

汤季宏在家乡私塾接受启蒙教育。

1925–1926年

祖父汤少甫在乡间行医的收入难以维持全家生计，因此在1922年经亲戚介绍到上海珠玉业公所担任会计，另谋生路。祖父是一个努力自强的人，不仅自学成为中医，而且喜爱绘画。在上海工余之时常常通过卖国画补贴家用。他对自然科学和文学也特别有兴趣，读遍了当时林琴南等翻译的外国小说。西方思想的影响让他觉得私塾已不合时宜，就把当年在乡间上私塾的汤季宏带到他工作单位附设的新学制小学读书，期望汤季宏能早日成才。为帮汤季宏补课，祖父还自学了外语和数理课程。空闲时，祖父常常把自己从书里看来的故事讲给孙儿听，使汤季宏听到和接触到了许多农村孩子不常接触到的信息和知识。

1926–1930年

1926年，祖父患病不得已回到家乡东山。汤季宏随祖父回家在吴县洞庭东山务本小学继续学业。由于姑妈和舅家此时都已移居上海，因而汤季宏每年寒暑假都来上海走亲访友。城市的千变万化和城里亲戚不同于乡间的一言一行都吸引着十岁季宏的好奇心。

1927年汤季宏在上海耳闻目睹了第二次和第三次工人武装起义，街头巷尾的枪战声和紧接着发生的“四一二”政变对上海工人和共产党员的捕杀，震撼着少年汤季宏的心，使他对国家、民族、政府的现状和未来开始思索，并逐渐形成了自己的认识。

1931 年

8 月，汤季宏从务本小学毕业后，离开家乡来到上海，在远房亲戚开设在周家嘴路的余径丝织厂当学徒。这是一家弄堂小厂，学徒工 24 小时无固定休息时间，烧饭、打杂、做机上辅助工，半夜也得随叫随到。三年学徒期间每月只拿到三角“月规钱”。汤季宏想靠自己的努力改善祖父母生活的初衷变得越来越不现实。

同年，“九一八”事变爆发，东北沦陷，令上海各界人士群情激愤。当时上海的街头巷尾充满了同仇敌忾、报国雪耻的气氛。汤季宏邻厂的一个青年同事报名参加了东北义勇军，也动员他同行，他很是心动，思想斗争了几个晚上，但 15 岁的他心里实在放不下养育他长大、此时已年迈的祖父母，下不了决心同行。

1932–1934 年

汤季宏在上海经历了“一·二八”淞沪抗战，他被各界人士抗日救亡的热情所感染。目睹了工人、学生、教师走上街头抗击日本帝国主义，与十九路军将士并肩浴血街头，誓死抗击侵略者的爱国热情。同时他也从街头标语和报章杂志上了解到上海市政府和南京国民政府要求十九路军不得抵抗、撤到二线阵地的消息。不当亡国奴的决心和对当政者的困惑及失望令

1934 年，汤季宏（后排右二）回乡，与祖母、父亲、堂表弟妹合影

他的内心冲突又彷徨，他开始选择阅读大量的进步书籍，试图从中寻找答案。1932年底，祖父病逝上海，他顿觉失去了精神依托。1934年底，余径丝织厂停业倒闭让年少的季宏更觉前途茫茫，无所适从。

1935–1936年

父亲汤介眉当时在青岛港务局任职员，母亲带着弟妹也都住在青岛。是年初，17岁的汤季宏离开上海来到青岛与父母和弟妹相聚。他自出生后就由祖父母照顾抚养，父亲汤介眉常年离乡在外工作，一年里父子很少有见面的时间。父亲与母亲叶世锜成婚后，并不负担妻小的生活，汤季宏的生活费由祖父负担，母亲则主要靠娘家接济。祖母常年对儿子不付家用的数落和祖父为了维持全家生活的辛劳让汤季宏对自己的父亲没有多少好感。到了青岛后，汤季宏看不惯父亲整夜聚赌喝酒、醉生梦死的生活状态，与父亲的冲突不断，父子双方都没有信心住在一个屋檐下。在征得母亲

1930年代中，汤季宏就读于青岛崇德高中

的同意后，汤季宏在1935年的夏天考入了青岛崇德中学，在校住读。

1935年7月，开学不久，汤季宏结识了与他同龄、来自山东长岛的林乎加。林乎加当时已是中华民族解放先锋队的成员，这是一支在中国共产党领导下建立的中国先进青年抗日救国组织。他们一边上学，一边参与同学中的抗日爱国活动，积极为进步报章投稿。汤季宏日后这样回忆这段生活经历："乎加同志过人的观察力和政治修养很快吸引了我。我们朝夕相处，他引导我读了很多进步的书籍，为我解答了许多我过去不能理解的政治和社会现象方面的问题……我就逐渐开始敢于在复杂的政治现象中去辨认是非了。这些帮助和启发，对我后来参加革命起了决定的影响。"在以后近70年的岁月里，汤季宏和林乎加一直保持着亦师亦友的亲密友谊。

1937年

7月，卢沟桥事变发生，全面抗战开始。林乎加回到烟台参加抗日活动，汤季宏也随全家回到上海。他迫切希望投入到抗日救亡运动中去，开始积极主动地寻找抗日救亡组织。年底，经过慎重选择，他参加了抗日团体新文字研究会举办的师资训练班。

1938年

年初，汤季宏考入华东联合高中继续高中学业。入学不久即参加共产党的外围组织"上海学生协会"。他白天在校内展开抗日活动，晚上在上海新文字研究会训练班接受师资训练，并结识了王益、张志浩（章早）、倪海曙、艾中全和盛峻峰（草婴）等进步青年。他们在师资训练班经过短期训练以后，就在难民收容所和难童中学推动拉丁化新文字扫盲实验和参加抗日救亡运动。

下半年，汤季宏被推选为上海新文字研究会理事并担任联络部副部长。同时在上海工人业余夜校教新文字，和章早同志一起为“劳工教师联谊会”编了十多期工人读物《人人小丛书》。

1939年

5月，汤季宏正式向新文字研究会党支部提出了入党申请，7月被批准加入中国共产党。入党介绍人是章早和许钟义。当时，新知书店在上海设立了一个办事处，负责人是王益。“新知上海办事处在上海进行组稿、出版和销售业务。销售对象是上海、香港、东南亚的读者和新四军指战员及所到之处的广大读者。”（徐雪寒：《新知书店的战斗历程》）

8月，汤季宏经章早介绍，成为“新知”上海办事处的一员，正式开启他与出版事业的终生之缘。

1940年

新四军在苏北建立了抗日根据地，“新知”希望能去根据地建立一家书店，为活跃在前线的新四军官兵提供精神食粮。王益和汤季宏商量后，决定派汤季宏到苏北根据地去联系筹备在根据地开办战地书店的事宜。1940年9月18日，汤季宏在黄桥见到了泰兴县长陈同生等领导，他们热情欢迎和支持书店的建立。10月，王益去黄桥建立了第一家书店，联合新知书店、生活书店、读书出版社以“三人为众”之义取名“大众书店”，供应直接从上海运来的马列主义原著、毛泽东著作、鲁迅著作，以及转载有《解放》周刊、《新华日报》重要文章的《时论丛刊》等进步书刊。汤季宏则留在上海负责为大众书店运书的任务。王益日后曾这样回忆这段不平常的经历：

“这是一项极为艰难的工作，要逃过许多关口。老汤曾给我简单谈过在上海码头如何逃过海关的检查：当海关检查完毕，海关人员离船后，船正在起锚的一霎那，由几个大汉将预先隐藏在附近的一捆捆书趁着黑夜扛上船去。到了吴淞口，要过日本人的检查关口，又是靠船上的水手冒险掩护下来的。如果被查出，也是性命交关的事情。因为这不是一般的走私问题，这些都是共产党的书，都是抗日的书，那是要冒着生命危险，经过十分曲折和惊险的历程。其中有一位叫王福和的同志就是在运书途中牺牲的。”（王益：《苏北抗日民主根据地的大众书店》）

1941 年

2 月，汤季宏的党组织关系已转到新四军上海办事处。他频繁地往返于上海与浦东和苏北沿海、沿江一带日本人的封锁线上，建立交通运输关系，把进步书籍源源不断地运送到新四军根据地。同时也安排了一批又一批有志青年学生到解放区参加抗日，其中包括著名儿童文学作家任溶溶和他的中学同班同学金培林（金培林在日军大扫荡时牺牲，年仅 20 岁）。还有汤季宏自己的妹妹汤群、表弟叶肇明、表妹叶茵等。

是年夏天，日寇对苏北根据地大扫荡，大众书店的出版发行工作逐渐转向给苏北、胶东或浙东等根据地输送出版物为主。

同年，日军侵占上海租界之前，新知书店桂林总管理处的负责人徐雪寒、华应申等根据李克农的“分散，转移，隐蔽”的指示也转移到了上海。从这时开始，新知上海办事处的工作就分成两个部分：一部分继续搞书店出版业务，由华应申负责。一部分做运输工作，由徐雪寒和汤季宏负责。主要任务是把书籍和物资运送到解放区。

1942 年

日军占领上海租界以后，新知书店上海办事处的出版业务即行停止，大部分同志转移到苏北解放区参加工作。是年开始，汤季宏具体负责的运输部门（有叶肇明、蒋建忠、孙群、金源明等）一边把新知、读书、生活三家书店的存书转移到解放区，一边把运输路线发展到了胶东、浙东等地，继续为前方和解放区运送物资。“随着工作的展开和根据地的需要，前后输送物资的内容很不相同，数量越来越大，次数也越来越频繁，我们的工作性质也随之发生了很大变化，逐渐成为新知书店在上海设立的担负着特殊使命的秘密转运站和海上运输线。”（蒋建忠：《新知书店在“孤岛”的出版工作和海上运输线》）

汤季宏当时个人的生活来源是供给制，没有办法资助母亲和幼小的弟妹（父亲去了重庆），家里的主要经济来源是靠大妹汤群当小学代课教师的收入。1941 年底，汤群经汤季宏介绍去了苏北解放区以后，老母亲和弟妹的生活便陷入了困顿。在汤季宏好友盛峻峰（草婴）、倪海曙的帮忙和资助下，1942 年，母亲叶世锜在上海卡德路（今石门二路）南京西路的正威药房门口摆了个书报摊，以贴补家用。

汤季宏（前右）与新知书店的战友蒋建忠、戴琇虹、孙群

1943 年

年初，书店在上海的库存书已经基本转移完毕。徐雪寒奉调到苏

皖边区根据地中共中央华中局工作。汤季宏奉命负责地下交通运输线的具体工作。其间，这个机构为新四军一师及鲁南、胶东等解放区采购和运送了不少军需、医药物资及银行、报社用的印刷器材和纸张。同时也把根据地的土产运到上海销售，进行贸易活动，打算赚些钱来支付作家稿费，以保证为新知书店翻译外国文学作品的几位作家的生活。

1944 年

5 月，新知书店为了在上海更方便地开展工作，要求刚从苏中根据地到上海的张朝同建立一个公开的贸易机构。汤季宏通过表弟王补生的关系，在黄河路沿街租了一幢三层楼房，成立了同丰申庄。汤季宏领导的秘密运输线接头点和落脚点也从家中转移到了同丰申庄。

10 月 14 日，由于混入内部的汪伪密探王补生的出卖，日本宪兵队采取突然行动，大肆搜查新知书店的机构，包括同丰申庄、汤季宏在卡德路的家、汤母摆在正威药房门口的报摊等。当时在同丰申庄的工作人员，地下党员徐波、彭慧、孙群，新知书店上海办事处的俞鸿模及夫人柳碧，汤季宏及住在一起的二舅叶仲坚，正在摆报摊的汤母叶世锜和堂妹汤绍澄，机构工作人员朱枫（朱谌之），“新知”的朋友倪海曙、瞿光熙等悉数被捕。

被捕的同志们在日本宪兵队惨遭酷刑，很多人留下终身伤残。徐雪寒从根据地赶到上海积极参与营救。11 月 24 日，被捕的同志全部获释。

1945 年

2 月初，汤季宏与徐波出狱后由新知书店派来接应的许季良陪同回到了淮南新四军根据地，一边接受党组织对他们狱中表现的审查，一边等待分配新的任务。

4月，汤季宏进入华中建设大学财经系学习，成为华中建大的第一期学员。

8月，日本无条件投降。华中局根据新四军部队正向日伪占据的城市进军，急需大批干部接管新解放城市的新形势，决定华中建大第一期提前毕业，立即分配工作。汤季宏即被调离学校到华中银行总行工作。

9月，汤季宏调入苏中分行任如皋办事处副主任。

1946年

3月，汤季宏奉"华中财经办"之命同华中银行淮阴支行行长孙以栋一起到上海工作。到上海后，由孙出面在旧爱多亚路外滩（今延安东路外滩）的字林西报大楼（今桂林大楼）开设了一家棉花纱布公司，汤季宏参加了该公司的筹建。

4月，由曾山主管、徐雪寒领导的地下党一条线包括陈明、陆明、叶肇明、余瑾等也先后从淮阴华中银行总行调来上海。华中银行决定在上海建立金融、贸易等机构，需要大笔资金，因此汤季宏、陆明和叶肇明三人在近四五个月的时间里，经常从上海前往苏中和淮阴总行提取现金到上海。

7月，全面内战爆发。徐雪寒、陈明决定在上海领导建立一个往苏中根据地输送物资的运输机构，指定由汤季宏负责筹建并主持日常工作。

9月，经汤季宏等的努力，运输机构很快就初具规模，分别成立了三个部门，各司其职：（1）开源船务行。负责运输物资进出苏中根据地。由陆明主持。（2）利永棉布号。因货币贬值，所有现金随时买进黄金、纱布等期货，随时兑现。由汤季宏主管。（3）同和商行。是专为根据地采购物资的部门。由李允竹具体负责。

1947 年

国民党加紧对解放区实行经济封锁，前线供给困难。为了反对敌人的掠夺和封锁，促进商品流通，稳定抗币币值，保证解放区军民的生活需要，中共苏中区党委和以后的中共中央华中工作委员会及所属各分区陆续派出一批同志到上海进行贸易运输，以打破敌人封锁。汤季宏领导的地下运输机构除了根据解放区需求不断地运送书籍、纸张、食品、药品和无缝钢管等，同时积极配合和帮助地下党在上海的其他分支机构运送物资进出解放区。当时坐落在圆明园路女青年协会大楼，由忻元锡领导的大华企业公司和大华木行也是苏中区党委设在上海的一个贸易机构。汤季宏领导的运输机构和大华木行经常密切合作。

10 月 19 日，开源船务行一艘机帆船“金永元”号在为大华公司运送货物去苏中弶港途中被敌人截获。10 月 23 日，因叛徒出卖，大华公司遭到国民党的破坏。10 月 24 日，汤季宏在去大华公司送情报时，被国民党特务逮捕。三天后，机智巧妙地伪装成棉布商人的汤季宏混过了敌人的审讯而得以脱险。

1948 年

汤季宏出狱后，立即把狱中的情报通过秘密交通员传递给苏中财委的陈国栋，同时想方设法营救仍被关在狱中的“大华”同志。出狱后有些场合已不便公开活动，徐雪寒代表上海地下党组织决定让汤季宏先转移到香港工作。1 月底，联丰商行的地下党员朱枫为汤季宏买好船票，亲自把他送上去香港的轮船。临别时，朱枫见汤季宏在寒风中衣着单薄，冷得瑟瑟发抖，即刻脱下自己身上的毛衣为他披上。汤季宏没有想到与朱枫大姐在码头的一别竟是永别。1950 年 6 月，朱枫在台北街头被国民党当局以“匪谍”罪名枪杀。

是年，汤季宏在香港因肺病复发治疗和休整了一个多月。3 月底，他经海上又辗转回到胶东解放区。

5 月，汤季宏进入位于山东青州的华东党校（第三期）学习。

10 月，汤季宏进华东新华书店工作，任秘书主任。当时济南等地已先后解放，华东新华书店正在为南下作积极准备。到书店后，汤季宏主持办理了一期书店工作人员讲习班，学员大都是从济南、潍坊等新解放城市招来的青年学生，其中包括刘祥林、王顺庆等。

1949 年

2 月，汤季宏与华东新华书店总店经理王益、副经理叶籁士、刘子章随部队从山东临朐坐船到江苏宝应、扬州经镇江乘火车到丹阳，然后进入上海。

5 月 27 日，上海解放，汤季宏被任命为上海军管会新闻出版处出版室秘书主任，参与对资本文教单位的接管工作。

9 月，汤季宏调任新华书店华东总店副经理兼营业部主任。

12 月，新华书店华东总店党支部在给汤季宏的书面鉴定中认定他：“1. 政治上一般能服从党的利益，对党忠诚；2. 工作上认真负责，有埋头苦干的精神，作风细致谦虚；3. 待人诚恳，愿帮助同志。”

1950 年

1 月，汤季宏调入北京，担任国家出版总署计划处管理室主任，参与筹备全国出版会议和筹建中国图书发行公司。

1950 年汤季宏摄于北京

1950 年代，汤季宏在上海

1950 年代，汤季宏（前排中）接待苏联出版界同行来访

1951年

1月1日，中国图书发行公司在北京成立。是月底，汤季宏受命调回上海任华东军政委员会新闻出版局出版处副处长，主持上海出版系统的工作，具体落实第一届国家出版会议和中央人民政府政务院关于出版分工专业化的决定：把原来集出版、印刷、发行于一体的华东新华书店分成三个单位，即：华东（上海）人民出版社、华东印刷管理处和新华书店总分店。

1952年

6月，汤季宏任华东军政委员会新闻出版局出版处兼发行处处长，具体主持和落实对上海近千家私营出版企业（包括私营出版社、书局、印刷厂、书店、书摊、报摊）以及四五万职工的调查和登记，为上海出版系统全面实行社会主义体制改革作准备。

1953年

2月，汤季宏任华东行政委员会新闻出版处副处长。

1954年，汤季宏（左）与周新武

1954年

2月，华东新闻出版处更名为华东行政委员会新闻出版局，汤季宏任新闻出版局副局长、党组负责人。

年底，局长、党组书记周新武调任北京后，汤季宏开始全面具体负责出版局的行政和党务工作。

1955年

4月，上海市人民委员会决定成立上海市出版事业管理处，汤季宏出任管理处处长、党组书记。新华书店上海分店划归上海市出版事业管理处管理。

11月，进上海市委党校学习。

1956年

5月，上海古籍书店在福州路424号开业，汤季宏力主从鲁迅书稿手迹中选出“古籍书店”四字作为书店的招牌，最终被采纳。并且提议在古籍书店内设立阅读角。

从1956年开始，汤季宏主要负责对上海近千家出版、印刷和发行私营企业包括四五万职工的社会主义所有制改造。到1956年12月，上海出版业全部顺利完成了公私合营，奠定了上海出版业的新格局。汤季宏在1965年的自传中，对这一段工作及今后的期盼作了如下记述：“1956年私营工商业社会主义改造虽然工作量比较大，由于中央有明确的政策规定，总的讲，在所有制改造过程中，进行的还是比较顺利的，贯彻政策也没有出现大的偏差，是在敲锣打鼓的胜利局面下完成的。我认为所有制基本改变了，资产阶级已老老实实接受改造了，以后是埋头建设的时候了……”“可以好好干点实事了。”这是汤季宏的最大愿望。

1957年

随着华东大区的撤销，5月，上海市人民委员会决定将出版事业

1950年代末，汤季宏（右二）与上海市出版局的同事合影

管理处改为上海市出版局，汤季宏出任出版局党组书记、第一副局长（局长空缺）。

7月，上海市出版局办公楼从南昌路科学会堂搬到绍兴路5号。汤季宏正式向上海市长曹荻秋、市委宣传部长石西民提议：（1）把绍兴路规划、建设成出版一条街；（2）保留、继承和发展上海福州路—山东路—河南路—九江路一带上海文化街的特色，沿路开设各类专业特色书店和文具用品门市部。

在上海市政府的支持下，从1956年到1966年的十年间，上海市出版局陆续在福州路一带开设了科技专业门市部（上海科技图书公司前身）、古籍书店、上海古旧书店、外文旧书店、上海音乐书店及多家纸行、笔庄和文化文具用品商店等，使该路段形成了文化特色一条街。

8月，为了在计划经济的体制下便于管理，把编、印、发的产业链连接起来，汤季宏和一起搭档的副局长万启盈等经过多方呼吁和奔走，终于把原属于上海市轻工业局的两家印刷公司（直属厂有上海市印刷一厂、二厂、三厂、四厂、五厂、六厂及两个装订厂）划归出版局管理。

1958年

汤季宏积极主张保留和传承上海朵云轩（创立于1900年）饾版彩色水印传统技术，组织上海人民美术出版社筹设朵云轩木刻水印工场，同时广招流散在社会上的木刻水印手艺人才，把他们吸收为上海人民美术出版社的正式员工，以增强技术力量，并扩大木刻水印的生产规模。是年1月，朵云轩水印工场恢复建立。

2月至5月，上海宣传出版系统开始"整风补课"运动。出版系统在几天内贴出46万张大字报。汤季宏被贴上"事务主义"和"辛辛苦苦官僚主义"的标签。他多次在不同场合自我批评"政治没有挂帅"，表示虚心接受来自各方面的批评。

为了向建国十周年献礼，汤季宏亲自安排和协调上海博物馆和上海人民美术出版社合作编印《上海博物馆藏画》。全力以赴、废寝忘食地参与《上海博物馆藏画》、《苏加诺总统藏画集》等书的装帧和印刷质量的把关。当年跟随汤季宏一起工作的孙立功回忆到："为了这两册书，老汤开了几十次会议，没完没了地提建议，事必躬亲，直到把事情磨得完美为止。"

1959年

4月，汤季宏在上海与邢至康结婚。

6月，汤季宏通过时任上海市黄浦区区委副书记、财办主任忻元锡

1959年，汤季宏时任上海市出版局副局长

的大力协助，为“上海荣宝斋”（1961年改名为“朵云轩”）在南京东路、山西路口设立新家。“上海荣宝斋”除了经营书画、笺扇的装裱服务，文房四宝的收购买卖以外，又把古籍书店的碑帖、拓片业务纳入其中，同时销售朵云轩木刻水印的名人名家诗笺扇面。

8月，中华人民共和国第一次参加莱比锡国际书籍艺术展览会，《上海博物馆藏画》和《苏加诺总统藏画集》荣获该展览会装帧印刷金奖。

12月，文化部副部长胡愈之出席上海市出版局召开的全国印刷技术革新经验交流会时，提出了必须改革印刷字体的迫切问题，建议由汤季宏负责在上海组织专家“自己动手整理并创写新字体，以改变印刷字体字型陈旧、杂乱无章的现状”。

1960年

2月，长子汤小淇出生。

汤季宏接过负责组织创写新字体的重任后，立即行动，把字体研究的任务具体落实到上海印刷工业公司试验室（上海印刷技术研究所前身）。他从出版系统内部调集图书封面设计高手徐学成，写一手好字，尤其擅长教科书楷体的杨亦农、王乃承和曹复晋，宣传画标题字专家陈锡奎、冒怀苏、赵宜生和施渭锋，新华书店书写新书广告美术字顶级高手周今才，印刷厂八级刻字技工钱惠明、邹根培、沈景成、唐永亮等行内最顶尖的人才，组成了中国第一家字体研究设计实验室。

8月，上海印刷字体设计室正式成立。汤季宏亲自议定了“整旧创新并举，由整旧起步，逐步向民族化、群体化、多样化发展”的字体设计方针。为了给各位专家提供最好的创作环境，汤季宏特别在绍兴路出版局自己办公室的楼上，为字体设计专家们安排了敞亮安静的工作室。同时为了继承和发扬专家们的手艺，使这项事业后继有人，汤季宏特别从上海出版印刷专科学校陆续挑选了几位优秀的毕业生加入字体研究室。

1961 年

“上海荣宝斋”划归上海人民美术出版社，正式改名“朵云轩”。汤季宏直接参与朵云轩木刻水印课题的选择，支持朵云轩跳出当年仅是复制诗笺扇面小品，靠出售纸品维持业务的经营现状，组织专业人员复制历代名家绘画和诗词墨迹。印制十分复杂的巨幅立轴和绢本绘画，业务的深度和广度都有了很大的拓展。

3 月，汤季宏组织领导中华书局上海编辑所（今上海古籍出版社）将上海图书馆所藏《宝晋斋法帖》影印出版。

积极推动和安排上海人民美术出版社所属的朵云轩木刻水印工场与上海博物馆合作，把王献之的《鸭头丸帖》、怀素的《苦笋帖》和宋徽宗的瘦金《千字文》印制出版。这批木版水印质量极高，几可乱真。如今也已极为罕见。其中《怀素草体》和《千字文》等水印横轴，还被毛泽东主席作为国礼送给外国元首。

1962 年

1 月，小女汤小辛出生。

12 月，“上海朵云轩书画复制艺术展览”在香港大会堂举行。这是上海文化宣传系统的创汇文化项目，展览精选了朵云轩 1958 年至

1962年间复制出版的200多幅晋唐以至现代名家的墨宝作品，获得了很高的评价。

1962年春，汤季宏家庭照

1963年

2月，在汤季宏的直接领导、策划下，上海印刷技术研究所完成一副宋体的《辞海》专用字模，提供排印《辞海》修订本使用。

5月，汤季宏指示把新闻路新华书店储运仓库四楼装修改建后，给上海印刷技术研究所作为新的办公地点。力争为上海印刷技术研究所的专家们，在当时的条件下创造最好的工作环境。

年底，上海印刷技术研究所完成一副宋三体的《毛泽东选集》专用字模。

1964年

9月，汤季宏当选为上海市政协第四届常委。

11月，汤季宏带队去奉贤开展社会主义教育运动，又称“四清”运动。在基层陆陆续续蹲点的一年中，他不断地接受批评，也认真检讨自己在工作中的不足之处：“由于阶级斗争观念模糊，思想上政治不挂帅，我不是把政治放在第一位，而是满足于日常事务的领导……

因此在1955年到1961年负责局党组工作的一段时间内，我没有把政治放在第一位，而是从单纯的业务观点出发……长期以来党组没有很好体现党的领导，也没有很好地发挥党组的集体领导作用。”（节录于汤季宏1965年的自传）

1965年

3月，汤季宏除了继续担任出版局副局长的工作之外，不再负责出版局党组的工作。

8月，汤季宏的母亲叶世锜因病去世。叶老太太常年和汤季宏生活在一起，被汤季宏的朋友们尊称为“姆妈”。抗战期间，她利用设在卡德路（今石门二路口）的报摊为地下党的同志们传递情报。1944年和汤季宏一起被日本鬼子抓进监狱，受尽威逼恐吓和利诱，老人斗智斗勇，始终没有暴露地下工作者的任何消息。

1966年

5月至6月，“文化大革命”逐级展开，上海出版系统与全国同步陷入混乱状态。

11月，汤季宏是上海出版系统第一批被打倒的局级干部，被诬陷为叛徒、走资本主义道路的当权派。

1967–1970年

汤季宏被隔离审查。

1970–1972年

汤季宏解除隔离，下放到奉贤“文艺新闻出版五七干校”劳动。

1970 年代初全家福，摄于汤季宏被开除党籍后的第二天

1973 年

12 月 25 日，“四人帮”控制下的原上海市委对汤季宏作出“定为叛徒，作人民内部矛盾处理，清除出党”的批复，对此诬陷不实之词，汤季宏拒绝签字，一再要求复查。

1973–1976 年

汤季宏从干校回来后，被安排在上海旧书店淮海中路分店当营业员。后病休在家。

1976 年

10 月，“文化大革命”结束。

1977年

6月，汤季宏被正式平反。

8月，受姜椿芳之邀，汤季宏在上海开始筹备中国大百科全书出版社上海分社。

1977年，汤季宏摄于筹备中国大百科全书出版社上海分社前夕

1978年

年初，经过汤季宏的多方努力，中国大百科全书出版社上海分社筹备组被临时安排在人民广场原上海市政府大楼办公。

3月25日，中共上海市委复查办公室批复，恢复汤季宏的党籍和行政级别，补发过去被扣发的工资，推倒了强加在他身上的诬陷不实之词。

11月18日，经华国锋主席、党中央批准，国务院向各省、市、自治区革命委员会，国务院各部委，各直属机构转发国家出版局关于编辑出版《中国大百科全书》的请示报告和补充报告，成立以胡乔木为主任的《中国大百科全书》总编辑委员会，周培源、严济慈、陈翰笙、于光远、周扬等为副主任。在北京成立中国大百科全书出版社，由姜椿芳、朱语今、曾彦修等主持筹备工作，同时在上海设立分社，由陈虞孙、汤季宏、王顾明等负责筹备。因陈虞孙年事已高，中国大百科全书出版社上海分社筹建中的各项繁杂事务，实际上主要由汤季宏承担组织领导。从此，汤季宏登上了他人生事业中的又一个高峰。

1979年

1月18日，经汤季宏等人的努力，从编辑出版《中国大百科全书》的实际需要考虑，中共上海市委办公厅通知市委宣传部、市出版局、

1980年百科代表团访美双方人员合影左起第一翻译、第二刘尊棋、第五姜椿芳、第七汤季宏、第八阎明复，第三为美方吉布尼

中国大百科全书出版社上海分社（简称“上海分社”）等有关单位，市委同意将在安徽绩溪的上海海峰印刷厂（三线工厂）划归上海分社领导。

4月25日，陈虞孙、汤季宏领导下的上海分社筹建工作获得上级部门的大力支持，并获重大进展。国家出版事业管理局致函上海市计划委员会、上海市基本建设委员会，大力支持帮助解决上海分社建房征地、动迁和规划、设计等项工作。

美国不列颠百科全书出版公司副总裁梅尔访问中国大百科全书出版社上海分社，商谈合作出版中文版《不列颠百科全书》。中国大百科全书出版社姜椿芳、阎明复，上海分社汤季宏等参加会谈。

10月17日，为了减轻国家经济负担，汤季宏力主新组建的中国大百科全书出版社上海分社实行事业单位企业化管理，并积极贯彻“以书养书”的业务方针，即以一般图书的经济收益，资助《中国大百科全书》出版过程中的有关费用。此议获得陈虞孙等的全力支持。是日，上海分社召开社务会议，具体研究“以书养书”问题。

11月22日，美国不列颠百科全书出版公司编辑委员会副主席兼副总裁弗·布·吉布尼一行三人由中国大百科全书出版社副总编阎明复、编辑梁从诫陪同访问上海。汤季宏以上海分社社长名义出面接待。

12月20日，汤季宏当选为中国出版工作者协会第一届理事会理事。

1980年

1月4日，财政部复函国家出版事业管理局，同意上海分社自1979年1月1日开始，在财务上按企业管理，实现的利润，由当地财税机关监交。汤季宏关于上海分社实行事业单位企业化管理的改革思路，在当时国家文化出版单位中是十分超前的。

6月2日，美国唐纳利印刷公司代表团一行五人抵沪访问，汤季宏负责接待。

8月，中国大百科全书出版社姜椿芳、刘尊棋、阎明复、汤季宏等访问美国不列颠百科全书出版公司，签订合作出版《简明不列颠百科全书》中文版合同。

9月10日，美国不列颠百科全书出版公司代表团抵沪参观访问，汤季宏前往迎接并会谈。

1980年代汤季宏在上海分社任职期间

1981 年

2月16日，中共上海市委宣传部通知，中国大百科全书出版社上海分社成立临时党组，陈虞孙任书记，汤季宏任副书记。

5月28日，美国不列颠百科全书出版公司代表团吉布尼一行八人抵沪，汤季宏及上海分社的另两名负责人刘火子、胡实声在外宾来访时，对上海分社作了详细介绍，并对双方进一步的交流合作作了初步探讨。

6月8日，日文版《不列颠百科全书》编辑主任座本勋抵沪，汤季宏代表上海分社接待。

1982 年

1月15日，在汤季宏的精心组织领导下，中国大百科全书出版社上海分社新的办公楼及部分辅助用房建成，是日，上海分社从临时办公地点人民广场大楼迁至古北路650号新址办公。

位于古北路的中国大百科全书出版社上海分社

百科排版印刷厂

1月21日，中共上海市委宣传部原部长、《中国大百科全书》总编辑委员会副主任夏征农来上海分社新址，陈虞孙、汤季宏、郭云、王元化迎送，并陪同视察。

3月12日，美国不列颠百科全书出版公司吉布尼一行二人，由汤季宏陪同参观百科排版印刷厂、上海分社校对组等。中国大百科全书出版社刘尊棋随外宾参观。

5月21日，党组召开扩大会，选举出席党代会代表。选举陈虞孙为正式代表，汤季宏为候补代表。

7月15日，上海辞书学会召开成立大会。汤季宏被选为会长，陈虞孙任名誉会长。总社姜椿芳、翟富中也参加了会议，翟富中代表总社致贺信。

7月17日，《简明不列颠百科全书》美方主席吉布尼一行八人访沪，汤季宏到机场迎接。

1983年

9月6日，《中国文学》卷“现代文学”、“文学理论”分支（现代部分），在上海分社学科楼召开审稿会。许觉民主持，汤季宏与陈虞孙、王元化出席审稿会。

9月8日，汤季宏在全社大会上动员推荐社一级领导干部候选人。

1984年

3月7日，美国不列颠百科全书出版公司代表团吉布尼一行抵沪，由汤季宏、刘火子迎接。

8月31日，文化部同意李仲任上海分社副社长，罗洛任副总编辑，汤季宏任顾问。文件同时抄送中共上海市委宣传部和大百科总社。

11月8日，国务院港澳办公室批复文化部，同意中国大百科全书出版社上海分社汤季宏、刘关统、应诗瑜赴香港与中华商务印刷器材公司洽购印刷设备。

11月13日，文化部电话通知，同意上海分社汤季宏、刘关统、应诗瑜去香港洽购百科印刷厂机器设备。

11月19日，汤季宏出席中国大百科全书出版社上海分社举行的建社六周年茶话会。

11月25日，中国大百科全书出版社党委书记姜椿芳、副书记常萍致函中共上海市委组织部长周克并市委，建议明确陈虞孙为上海分社总编辑，正局级；汤季宏为上海分社社长，正局级。是月30日，中共上海市委组织部复中国大百科全书出版社党委信，同意明确陈虞孙、汤季宏等的职务。按照干部管理权限，报文化部党组办理审批手续。

1984 年 11 月 19 日，中国大百科全书出版社上海分社举行庆祝建社六周年茶话会，社领导汤季宏、陈虞孙、刘火子、王元化（前排左起）与全体员工同庆

1986 年

3 月 9 日，汤季宏被选为中国出版工作者协会第二届理事会理事。

7 月 1 日，汤季宏被选为上海出版协会第二届理事会理事。

9 月 13 日，中美合作联合编译的《简明不列颠百科全书》中文版全套发行仪式在上海展览中心举行，汤季宏出席。

1987 年

汤季宏被中国韬奋基金会聘为理事。

1988 年

5 月 7 日，新闻出版署批复，确认陈虞孙为上海分社总编辑（正局级）、汤季宏为上海分社社长（正局级）。

11 月 8 日，有关方面负责人专程探望汤季宏，并与之商谈他的离休问题。是月 10 日送上离休证、离休费。

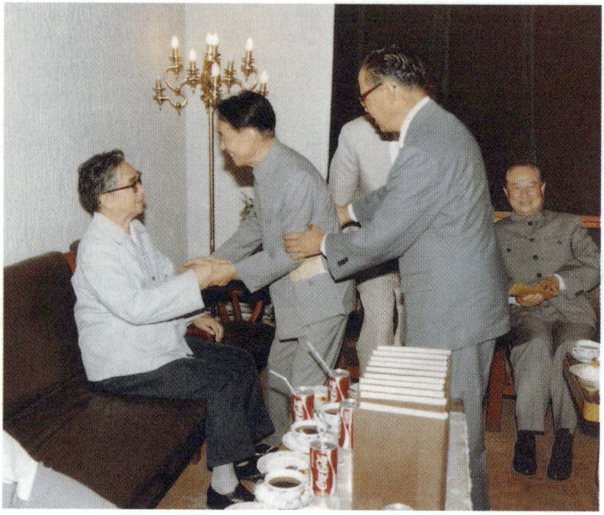

汤季宏与出席《简明不列颠百科全书》整套发行仪式的夏征农等领导握手。右一为汪道涵

1986年，汤季宏（右三）参加在上海书市举行的《简明不列颠百科全书》整套发行仪式

汤季宏赴云南参加印刷文字评选途中

1990 年

4月11日，新闻出版署署长宋木文等一行六人来上海分社视察工作，汤季宏应邀出席有关座谈会。

1991 年

2月28日，上海分社借锦江饭店小礼堂举行《中国大百科全书》出版50卷新闻发布会，汤季宏应邀出席会议。

4月，汤季宏亲自写报告给上海市委宣传部，申请成立“上海印刷新字体设计研究所”。提出在3至5年内：（1）创新新字体；（2）整理现用旧字体，研究标准字体；（3）与有关方面合作，研究计算机造字、补字。制成供应字库软件；（4）通过以上工作，以师傅带徒弟的方式，培养出一个熟练的字体设计班子。

10月，“上海立新字体研究所”正式批准成立，汤季宏任负责人。

1992 年

2月27日—3月1日，汤季宏应邀担任在杭州召开的第二届全国汉字印刷新字体评选会评委。

1993 年

1月，汤季宏获政府特殊津贴，以表彰他为发展我国新闻出版事业作出的突出贡献。

汤季宏在庆祝《中国大百科全书》胜利完成茶话会上讲话

3月，汤季宏出任“中国印刷字体评审委员会”副主任。

10月27日，新闻出版署在上海展览中心宴会厅，举行庆祝《中国大百科全书》编辑、出版胜利完成茶话会。会前，中共中央政治局委员、中共上海市委书记吴邦国会见与会人员，热烈祝贺当代最伟大的文化出版工程——《中国大百科全书》问世，并向上海参加编撰和出版工作的同志表示衷心感谢。市委副书记陈至立在会上讲话。上海参加《中国大百科全书》编撰并作出贡献的专家学者谢希德、贺绿汀、李春芬等参加了茶话会。汤季宏以上海分社老领导的身份应邀出席。第二天，上海分社举行《中国大百科全书》胜利完成暨建社15周年茶话会。汤季宏出席。

2003 年冬至，汤季宏骨灰盒落葬。汤季宏墓位于其故乡苏州东山

2002 年

9 月 6 日，中国共产党党员，我国著名出版家，中国大百科全书出版社上海分社创始人之一，原中国大百科全书出版社上海分社社长、党组副书记、顾问，离休干部汤季宏因病逝世，享年 88 岁。

本大事年表由汤小辛、施伟达编撰

走近父辈（代跋）

汤小辛

几年前，吉晓蓉大姐约我写一篇纪念我父亲汤季宏的文章。当时她正在组织“老三联”书店的后人为父辈们编写一部纪念集《爱书的前辈们》。那年，也正是我父亲辞世十周年。为此，我专门从美国飞回上海，在家中翻找父亲留下的文字、他去世后老朋友们发表在报章杂志上的纪念文章；去图书馆、档案馆、因特网查找与父亲有关的点滴信息……父亲在我心目中，就是一个心灵手巧、少言寡语的慈父。也许是早年他长期从事地下工作，尤其是两次被捕入狱的经历，使他在以后的历次政治运动中蒙受责难和批判的缘故，他很少在儿女们面前谈及他的过去。因而对父亲，我是不了解的。感谢晓蓉大姐的约稿，让我下决心走进父亲的内心。

父亲在新中国成立后任上海市出版局主要负责人时，每天有记工作日记的习惯。1966年“文革”一开始，他是出版局第一个被打倒的局级干部，他的17本工作日记在抄家时被全部搜走。我曾经通过各种途径寻找这批日记，可惜渺无音讯。而家中留下的文字，基本上是他在历次政治运动中的简历、检讨和申诉材料的草稿。为了了解父亲的经历，我抓紧每次回国的时间和机会，拜访他的老朋友、老同事和老部下，如在病床上的林乎加伯伯、草婴叔叔、张薇阿姨……解放初就跟着父亲一起组建上海市出版局的孙立功、巢峰、刘祥林、刘凯民、马步卓……还有父亲在中国大百科全书出版社上海分社的老部下邓伟志、施伟达……而更多的时候，我是坐在母亲的床边，听她讲述父亲的故事。

父亲在出版领域做的事，都是开创性的工作：新中国成立后主持接管原旧上海的出版业并改造重建、建立各个出版社、建立印刷学校；最早提议建立上海福州路文化一条街（1960年代初）；亲自领导完成新中国首套标准化印刷字体设计；是中国大百科事业的创始人之一……虽然他一直为人低调、默默无闻，但是当我向熟悉他的老人们问起父亲的过去时，他们都会动情地说上一段。在我听到的很多关于他的回忆中，有一个细节令我印象深刻：1950年代中期，当上海市出版局和属下的出版社陆续成立安置好了以后，时任第一副局长兼党组书记的父亲不仅提议每个出版社要开办各自的食堂，以解决职工的用餐，还亲自选址淮海中路、乌鲁木齐路的一幢洋房作为出版局的职工幼儿园，并且从出版社抽调年轻有文化的女职工出任老师。到了1980年代，中国大百科全书出版社上海分社的办公大楼在古北路、仙霞路附近建造起来的同时，父亲也是坚持要建造多幢职工宿舍，而且还专门造了一幢接待专家学者的学科楼，楼内还设有职工餐厅、医务室和幼儿园。大百科上海分社的职工宿舍、职工幼儿园当年曾赢得上海文化出版系统同行的羡慕。很多老职工都不无感念地告诉我：1980年代的大百科上海分社，就像一个和睦的大家庭。

父亲在学生时代早期就憧憬安居乐业的天下大同生活。青年时代他结识了徐雪寒、孙冶方、林乎加、姜椿芳、王益等一大批志同道合的知识分子："建立一个独立、自由、民主、富强的新中国"（徐雪寒语，下同）是他们共同的理想和奋斗目标。参加革命以后，父亲从一个理想主义者，成长为一个社会主义建设者，他希望他们一辈人追求建立"一个平等互助、互相尊重、互相扶助的新社会"的美好理想能够实现。所以只要父亲有能力，他就希望通过造职工宿舍、建职工食堂、设职工幼儿园来实践他“以谋人类全体之安宁幸福”的抱负。

在走近父亲内心的路上，记忆也把我带回到与他的老战友、老朋友孙冶方、徐雪寒、姜椿芳、陈修良等相识相见的场景。“文革”以后，父亲的客厅里时常能见到这些长辈的身影，孙公公的清癯、徐伯伯的睿智、姜伯伯的儒雅、陈妈妈的爽直更吸引我把他们的著作仔细地拜读。他们都是中国共产党建党早期的党员，但在新中国成立后的历次运动中他们却屡受批判甚至陷入牢狱之灾。这几位老人忧国忧民一生，两袖清风一世。他们是老派的共产党员，永远都没有放弃年轻时参加共产主义运动时的理想和抱负，并为之奋斗了一辈子。可惜，在当今的社会里，有几个人会知道这些前辈一生的奉献？在完成晓蓉大姐的约稿后，我萌发了把近年来收集到的有关回忆我父亲汤季宏的文章、口述汇编成册的念头。我希望通过这本纪念册，不只是向我父亲，更是向他们那一辈老革命家致敬，感恩！希望父辈们对信仰的坚持、对理想的执著以及对国家民族的忠贞精神能够长久地传承下去。

非常感谢东方出版中心的全力支持。他们在最短的时间里邀请了东方出版中心原副总编辑施伟达老师作为本书的执行主编。没有伟达老师的鼓励、坚持和督促，我也许无法在今年——父亲诞辰100周年时完成这本书稿。谢谢邓伟志老师为本书作序，他是原中国大百科全书出版社上海分社的老人之一。

美国和中国隔着一个太平洋，上海和加州相差15个小时，但这并不妨碍我和东方出版中心的庄彦、张小平、刘丽星、张骏、胡曦露随时随地的交流。为了核实一些事件的细节或是一张照片的年代和人物，他们在上海多次拜访了父亲的老部下,反复研究父亲的档案材料。庄彦、小平、丽星和张骏经常称自己是“老百科”，因为东方出版中心的前身就是中国大百科全书出版社上海分社。在与他们几位合作的几个月中，我在他们身上看到了我熟悉的一种东西：脚踏实地，兢兢业业。这或许就是他们引以为豪的“百科精神”吧！

2016年4月于美国加州